Quelle force ce livre ! Les témoignages poignants des contributeurs sur la vie et le ministère de Zokoué constituent une ressource inestimable, une mine. Ce livre est une invitation à la réflexion sur la vie et sur ce qu'on en fait, par rapport à notre amour pour Dieu, à notre service pour lui et pour le prochain. Il inspire, encourage, défie le lecteur. Je l'ai lu dans un esprit de méditation, de prière et de reconnaissance à Dieu pour la vie de son serviteur, et pour toutes les bénédictions reçues de lui. N'est-ce pas ici une continuation du ministère de ce serviteur humble, discret mais toujours utilement présent aux côtés de sa famille et des autres ?

Daniel K. Bourdanné
Docteur en biologie, spécialiste des mille-pattes
Secrétaire régional des GBUAF de 1995 à 2007
Secrétaire général de l'IFES de 2007 à 2019

Il est facile de qualifier « l'ancêtre Zokoué » d'homme discret, effacé, calme, et il le fut effectivement. En lisant le présent livre, il n'est pas étonnant de découvrir les autres qualificatifs le concernant. Il fut pour toute la génération après lui, un pasteur, un mentor, un enseignant, un éducateur et un maître qui a fait beaucoup de disciples. Il fut un ami et un coach pour ceux de sa génération. Tous le considèrent comme référence et grand théologien. Parlant de sa mort, les poètes du présent livre ont utilisé les symboles africains de « plume cassée », « voix qui s'est tue ». Le professeur Zokoué incarne toutes ces qualifications et chacun qui a croisé son chemin, a été impacté d'une manière ou d'une autre. Mais une telle présentation de ce qu'il fut pour l'Afrique francophone est en-deçà de la réalité de sa personne et de son œuvre. Il nous semble que le professeur Pohor (2016) a trouvé le meilleur symbole pour le qualifier : « Ce monument théologique, promu à la gloire céleste. » Zokoué est un monument théologique pour l'Afrique francophone.

Augustin Cossi Ahoga
Docteur en théologie, spécialisé en religion traditionnelle africaine (RTA)
Secrétaire régional des GBUAF de 2007 à 2019

ZOKOUÉ
L'HOMME ET L'ŒUVRE

ZOKOUÉ
L'HOMME ET L'ŒUVRE

Sous la direction de
Barka Kamnadj

Publié en 2020 par LivresHippo.
• Centre de Publications Évangéliques, 08 B.P. 900 Abidjan 08, Côte d'Ivoire
• Presses Bibliques Africaines, 03 B.P. 345 Cotonou, Bénin
• Éditions CLÉ, B.P. 1501 Yaoundé, Cameroun
• Excelsis Diffusions 385, Chemin du Clos 26450 Chanois, France
• Langham Partnership PO Box 296, Carlisle, Cumbria, CA3 9WZ, Royaume-Uni,
www.langhampublishing.org

ISBNs :
978-9-99825-126-7 Print
978-1-78368-806-7 Mobi
978-1-78368-805-0 ePub
978-1-78368-807-4 PDF

British Library Cataloguing in Publication Data
A catalogue record for this book is available from the British Library

Composition et couverture : projectluz.com
Dépôt légal : N° 11293 du 28 mai 2019 ; Bibliothèque nationale du Bénin, 2e trimestre.
ISBN : 978-9-99825-126-7

Préface

Il y a quelques années, Jean Ziegler, avec la perspicacité qu'on lui connaît, lançait un concept d'« ancêtre de l'avenir » devenu très opérationnel avec le temps.

En Afrique, tout adulte qui meurt à un âge avancé et qui a eu beaucoup d'enfants au cours de sa vie devient avec le temps un ancêtre, mais très peu peuvent être qualifiés d'« ancêtres de l'avenir ». Seule une personne qui, par son action, son éthique de vie, continue même après sa mort à féconder l'avenir de ses descendants ou de ses disciples, traçant pour eux et leurs contemporains de nouvelles perspectives et de nouveaux horizons, peut être considérée comme un ancêtre de l'avenir. Seules des actions sociales porteuses de grandes significations dans la longue durée inaugurent l'avenir.

Éducation et formation de jeunes et de futurs leaders de l'Église sont les deux principaux domaines où Isaac Zokoué a montré l'étendue de son immense talent. Ce faisant, il a fondé le futur de l'Église et de nos États. Sa vie et son action l'ont plus inscrit dans l'avenir que dans le passé.

Chacun de ceux qu'Isaac Zokoué a formés ou encadrés porte en soi ou dans ses mémoires un legs que ni le temps ni la mort ne peuvent effacer. Consciemment ou inconsciemment, il ou elle prolonge dans l'espace et dans le temps, les enseignements, les pratiques et la vision du monde de ce grand leader chrétien, empêchant ainsi de le lire au passé. Un proverbe de chez moi dit que le remède de la mort c'est l'enfantement. Il a enfanté pour lui-même, pour le Christ son Maître et pour l'Afrique autant de disciples que d'enfants. Il était à la fois un don et un héritage.

Puisse la redécouverte de la vie de ce grand homme dont l'humilité était l'une des principales qualités nous ramener tous au cœur des enjeux qui sous tous les cieux fondent l'avenir et bâtissent les familles et les sociétés !

L'autre angle de saisie du travail et de l'œuvre de ce patriarche permettant de dire de lui qu'il était l'archétype de l'ancêtre de l'avenir c'est sa vision du leadership. Ce qui m'a particulièrement frappé dans cet opuscule c'est que partout où il est passé (GBUAF, FATEB), il a réussi là où beaucoup ont échoué. Il a formé des successeurs qui ont tous connu un grand succès après lui. Une œuvre ne se pérennise dans le temps que par un leadership à vision qui ne fait pas du pouvoir une possession patrimoniale et qui réussit à léguer cela à la génération suivante.

En saluant cette œuvre immense et riche dont je suis à la fois témoin et héritier, je veux signifier que cette brève biographie n'est qu'un jalon sur ce chemin de la redécouverte de ce théologien et pasteur dont la sève de ses enseignements irrigue encore le corps social en Afrique. Ce livre ne saurait être la fin d'un commencement, mais le début d'une longue aventure à la découverte de nos ancêtres dans la foi.

Isaac Zokoué a beaucoup donné à l'Afrique. Il a beaucoup donné à la Centrafrique son pays de naissance à la fois comme pasteur et comme « sage » de la République. Puissions-nous en lisant ce livre, élever des prières à Dieu pour sa famille nucléaire et pour ce pays dont les convulsions nous inquiètent et nous interpellent.

Aucun angle de saisie ne peut permettre de comprendre la totalité du personnage que fut ce pasteur. Chaque aspect de sa vie, chaque moment de cette vie nous dit quelque chose et nous interpelle. Puisse ce livre dont j'encourage vivement la lecture être de la même veine : nous dire et nous interpeller !

Emmanuel Tchumtchoua
HDR, Université de Bordeaux-Montaigne
Ancien président du Conseil Spirituel National
du Groupe Biblique des Élèves et Étudiants du Cameroun (GBEEC)

Introduction

Le deuxième livre tant attendu de la série est bien là : *Zokoué, l'homme et l'œuvre*. Nous en avons parlé depuis un certain temps comme d'un rêve. Et le rêve est devenu une réalité. Une réalité rendue possible à la faveur des prières incessantes et à la précieuse contribution des uns et des autres. Avant d'aller plus loin, un rectificatif s'impose[1].

Les pistes de réflexion

Le livre *Daïdanso, l'homme et l'œuvre*[2] nous inspire et nous invite à faire de même pour Zokoué. Cet autre livre est un témoignage que l'on rend de ce dernier. Notre vrai modèle c'est Jésus-Christ, mais nous apprenons beaucoup de nos grands frères. Par exemple : René était un modèle de prédicateur et de zèle pour l'évangélisation, Isaac était un modèle pour l'enseignement : on admirait la beauté de son français ! Il était Secrétaire itinérant des Groupes Bibliques Universitaires (GBU), pasteur d'église locale, enseignant en théologie, doyen d'institution théologique, coordonnateur d'œuvres évangéliques regroupant des églises et mouvements évangéliques en Afrique francophone, président du comité des sages dans son pays. Il aimait la musique (il lisait les notes) et le football.

Ce livre est porteur d'un message puissant pour la génération présente et les générations futures. Il contribue au développement de l'histoire des églises en Afrique. Bref, les contributeurs doivent répondre à la question : Qu'est-ce que nous avons appris de Zokoué ? Tiénou le présente comme un dirigeant d'Afrique francophone depuis l'année 1980, comme l'un des promoteurs de la grande famille évangélique « Afrique francophone ». Ndjerareou l'a connu comme éducateur théologique, Nupanga l'a suivi dans son ministère, il était d'abord son étudiant, ensuite son adjoint et enfin son successeur. Bourdanné et Barka étaient des disciples « à distance », pas géographiquement mais historiquement. Nzash était dans son équipe enseignante. Adama a eu une expérience de collaboration

---

1. Dans le livre, *Daïdanso, l'homme et l'œuvre*, il y a un rectificatif de taille à faire : à la page 105, le roman *Things Fall Apart* (*Le monde s'effondre*) est de Chinua Achebe et non du prix Nobel de la paix Wole Soyinka ; l'article *Servir Dieu à travers les âges* est signé de trois auteurs (p. 103) et non deux (p. 114).
2. Abel Ndjerareou, sous dir., *Daïdanso, l'homme et l'œuvre*, Abidjan/Cotonou/Yaoundé/Chanois/Carlisle, LivresHippo, 2015.

inter-églises avec lui à Abidjan, etc. C'est en toute responsabilité que chaque contributeur a pris le risque de lui rendre le témoignage que vous propose ce deuxième livre de la série.

Le nœud du témoignage

Même si certains comme Nupanga, Bourdanné et Nzash n'ont pas pu donner leur témoignage pour diverses raisons, d'autres, de sa génération et de celle qui a suivi, ont su le faire tantôt à travers des articles écrits en bonne et due forme ou sous forme d'interview traditionnelle, tantôt à la faveur d'une table ronde virtuelle ou par le biais d'une poésie. En acceptant de témoigner de l'homme et de son œuvre, ils ont fait le pari de faire retentir en écho le message que Zokoué savait livrer avec cohérence, profondeur et humilité aux gens d'ici et d'ailleurs.

Dans son article, « Il s'appelait Zokoué », Ngarsouledé fait remarquer que l'homme ne rend pas du tout la tâche facile aux gens qui veulent témoigner de lui. « Isaac Zokoué ne parlait que peu de lui et restait très discret sur sa vie personnelle, ce qui nous offre peu d'éléments pour parler de lui. Tel était l'homme » (p. 7). Dévoué, il l'était dans le ministère de la formation, par exemple : d'abord au niveau continental à travers les GBU d'Afrique francophone, puis dans son propre pays au sein de la Faculté de Théologie Évangélique de Bangui (FATEB). Il faisait montre de rigueur dans le travail intellectuel, « d'une motivation prononcée pour l'engagement de la théologie africaine dans les questions sociales du continent en vue de la restauration de la dignité des Africains et leur quiétude à l'instar d'autres peuples » (p. 11). C'était un homme de principe, un systématicien. Ayant été son étudiant, Ngarsouledé suit ses traces dans le domaine de la théologie systématique.

Baguida, un jeune centrafricain le reconnaît plutôt comme « un pasteur, une référence ». Il l'a rencontré pour la première fois dans l'Union des Jeunes Chrétiens (UJC), un « mouvement qu'il créa en revenant du Tchad avec certains de ses frères, dont Luc Wenezoui » (p. 16). Il dit avoir été particulièrement marqué par trois faits majeurs. Le premier concerne le dialogue national dont Zokoué était le président. « Le second fait fut une grande crise que traversa une église de sa dénomination » (p. 15). Il était envoyé comme pasteur pour diriger cette église. « Le troisième fait fut une autre crise, cette fois-ci au sein de la plateforme de l'Alliance des Évangéliques en Centrafrique (AEC) dont il fut le premier président » (p. 15).

Il était pour Barka un « mentor par ses écrits » pendant de nombreuses années, avant qu'ils n'aient eu l'occasion de se rencontrer et d'interagir. Il a fait d'abord la découverte de l'homme dans *Découvertes*, un magazine chrétien de l'universitaire, puis à travers deux de ses ouvrages : le *Manuel du responsable*[3] et *Brève mise au point sur Noël*[4]. À partir de 2007, il a commencé à découvrir la personne du professeur Zokoué, et plus particulièrement en 2009 où il l'a reçu pour la première et la dernière fois dans son bureau à la Faculté de Théologie Évangélique de Bangui (FATEB).

« Mon ami, mon collègue ». C'est ainsi que Maire le qualifie avec honneur et respect. À l'époque, Zokoué était Secrétaire régional des GBUAF et Maire, Coordonnateur de la Ligue pour la Lecture de la Bible (LLB) en Afrique francophone. Ils résidaient tous deux à Abidjan et se rencontraient assez souvent. Il leur arrivait souvent de se retrouver autour d'une même table pour mettre ensemble idées et projets.

Andria se reconnaît comme son disciple et parle de « la dette du disciple ». Zokoué lui a donné le privilège de l'accompagner dans ses voyages à l'île Maurice et à l'île de la Réunion en partant de Madagascar. C'était dans le but de l'initier au ministère itinérant parmi les étudiants. Par la même occasion, il lui a suggéré de lui succéder à la tête des GBUAF comme Secrétaire régional. Ce qui fut fait en 1980 où il lui donna deux conseils : « 1) Si tu reçois une lettre qui te fâche, ne réponds pas tout de suite ; 2) Quand tu reçois un don [de l'argent], informe tes collègues » (p. 39). Et durant les 15 ans passés aux GBUAF, Andria les a suivis religieusement. Mais il a aussi appris à ses pieds. C'est pourquoi il fait aisément la relecture de sa christologie à travers son livre *Jésus-Christ, le mystère des deux natures*[5]. Un disciple ne peut qu'être redevable à son maître.

« Il était l'un des nôtres », disent-ils affectueusement. Cet article a fait l'objet d'une table ronde virtuelle autour de laquelle on y a fait prendre place trois interlocuteurs qui l'ont côtoyé. Adama fait une confidence selon laquelle ils étaient « deux amis, deux serviteurs ». C'était d'abord dans le cadre du comité Logos et ensuite à travers la consultation d'avril 1980. « Le Dr Zokoué était un formateur ». Il formait par l'enseignement, par son attachement à un style personnel et par l'exemple qu'il donnait. « Il incarnait un modèle de dirigeant. Il était aussi un artisan de l'unité du peuple de Dieu » (p. 42). Tiénou le considère comme « un théologien, un collègue ». Bien qu'ils soient différents l'un de l'autre en termes de caractère, ils ont en commun la passion pour un travail théologique de qualité.

---

3.   *Manuel du responsable*, Abidjan, GBUAF, 1975.
4.   Isaac ZOKOUÉ, *Brève mise au point sur Noël*, Bangui, CERTA, 2007.
5.   Isaac ZOKOUÉ, *Jésus-Christ. Le mystère des deux natures*, Yaoundé, CLÉ, 2004.

> Le terme *qualité* fait penser au but et aux résultats [...]. Comme la prédication, la théologie transforme. D'ailleurs, toute prédication repose sur une théologie. Bref, on doit voir le fruit de la théologie dans la vie quotidienne des croyants. Isaac faisait le travail théologique avec dignité. (p. 43)

Ndjerareou dit de lui qu'il était « un aîné, un coach ». Il l'a rencontré pour la première fois en octobre 1971 à la Faculté Libre de Théologie Évangélique de Vaux-sur-Seine en France. Zokoué était sur le point de finir ses études, Ndjerareou en était à ses tout débuts. Daïdanso l'avait recommandé à la garde de Zokoué qui se trouvait à sa dernière année. Ils ont donc passé une année ensemble. Zokoué l'entourait et l'accompagnait avec affection et attention. Plus tard, il a succédé à Zokoué comme doyen de la FATEB et comme coordonnateur du CITAF. Il l'a également côtoyé et a œuvré à ses côtés à travers plusieurs rencontres stratégiques des responsables évangéliques d'Afrique francophone.

Sur le plateau d'une « émission télévisée virtuelle à base réelle », Ezoua donne la parole à « trois invités qui ont bien connu et côtoyé le professeur de théologie » (p. 55). Ils ont même fait route avec lui. Pour Béla, « il fut un pionnier, un concepteur et un homme créatif » (p. 55). Anamaou l'identifie au scribe Esdras dans l'Ancien Testament et le compare à un chrétien béréen du Nouveau Testament, parce qu'il aimait les Écritures et la théologie, la théologie africaine centrée sur les Écritures. Et Monsolo de renchérir : « En effet, Isaac était notre Esdras noir ! » (p. 56).

Tompté-Tom, alors étudiant, a fait sa rencontre à l'UJC de Centrafrique où il intervenait de temps à autre. Et par la suite, plus qu'un collègue et un administrateur, il était pour lui un père. Il était, de son point de vue, « Enseignant et éducateur ». Comme tel, le message qu'il laisse à la génération présente, Tompté-Tom le résume à travers deux anecdotes se rapportant à lui. « La première anecdote est celle de mon intégration dans le staff de la FATEB [...]. La seconde anecdote est en rapport avec le Dialogue national où il a été choisi comme président pour le diligenter » (p. 63).

Bongoyok donne libre cours à ses pensées et sentiments à son sujet sous la forme d'un poème. Il dit en substance que dans la personne de Zokoué qui n'est plus, « une plume s'est cassée, une voix s'est tue ». L'homme et son œuvre ont su impacter de nombreuses vies sur le continent et au-delà.

La vie qui impacte des vies

Ce livre a pour vocation de susciter chez le lecteur des interrogations, de stimuler la réflexion et de pousser à l'action, par la vie et pour la vie. Car la vie qui vaut la peine d'être vécue est celle qui « est cachée avec le Christ en Dieu » (Col 3.3b). Si tel n'est pas le cas, qu'est-ce donc vivre ? Selon J. H. Alexander,

> Vivre, en secouant toutes les contraintes,
> Dans l'ivresse d'une liberté sans restriction…
> Vivre, en aspirant au bonheur matériel
> Que propose notre société de consommation…
> Vivre à cent pour cent,
> Dans le but de satisfaire ses ambitions…
> Vivre, en se dépassant,
> Pour assouvir sa soif d'absolu…
> Vivre,
> Toujours mieux,
> Toujours plus vite,
> Toujours plus haut…
> Est-ce cela vivre ?
> Vivre, c'est bien autre chose.
> Vivre comme enfant de Dieu
> Vivre par la foi en la Parole de Dieu
> Vivre de la connaissance du Fils de Dieu
> C'est vraiment vivre,
> C'est enfin vivre[6] !

Barka Kamnadj
Directeur de l'ouvrage

Références

ALEXANDER, J. H., *Enfin vivre*, Paris, La Maison de la Bible, 1978.
Manuel du responsable, Abidjan, GBUAF, 1975.
ZOKOUÉ, Isaac, *Brève mise au point sur Noël*, Bangui, CERTA, 2007.
ZOKOUÉ, Isaac, *Jésus-Christ. Le mystère des deux natures*, Yaoundé, CLÉ, 2004.

---

6.   J. H. ALEXANDER, *Enfin vivre*, Paris, La Maison de la Bible, 1978, p. 7 et 99.

Il s'appelait Zokoué

Isaac Zokoué ne parlait que peu de lui et restait très discret sur sa vie personnelle, ce qui nous offre peu d'éléments pour parler de lui. Tel était l'homme.

L'homme

J'ai découvert cet homme, très naturel et humble, en dépit de sa grandeur intellectuelle et sociale. Pour celui qui ne le connaît pas, seuls le niveau et la profondeur de ses intentions peuvent le lui révéler dans un groupe. Il a acquis et développé l'humilité de par sa formation. Il pouvait demeurer silencieux dans un groupe, sauf si le sujet l'interpelait directement. Zokoué a fait montre de la simplicité d'une colombe dans la logique de ce que le Seigneur a prescrit aux disciples : « Je vous envoie comme des brebis au milieu au milieu des loups. Soyez donc prudents comme les serpents, et simples comme les colombes » (Mt 10.16). En fait, cet homme n'a fait qu'appliquer à sa propre vie le principe biblique au sujet de l'humilité. P. Forestier a écrit : « La modestie, la simplicité seraient sa marque, si plus encore ce n'était la joie et la pureté. Qui ne l'a vu rire ne sait pas ce qu'est la liberté des enfants de Dieu, ni le cristal d'une âme miraculeusement conservée[7]. »

Zokoué était un homme à l'esprit très ouvert ; il était accessible au petit comme au grand, tout résidait dans la manière de l'aborder. Il aimait le loisir, à savoir la lecture (une activité individuelle) et le basketball (une activité collective). La personnalité de Zokoué faisait de lui une personne quasiment isolée dans son milieu. En fait, il était sélectif et équilibré dans le choix de ses mots et critique des idées émises. Il faisait preuve d'une grandeur de l'âme dans la ligne de la théologie de Thomas d'Aquin au Moyen Âge. Ce père médiéval parlait d'une manière soignée et équilibrée de la grandeur de l'âme et de la dignité du corps. Il soulignait fortement la respectabilité de la personnalité et le soin du corps. Pour Thomas, la grandeur de l'âme est l'expression de son intelligence qui varie d'une personne à une autre ; il faut aspirer à la grandeur par la production intelligente ; ceci

---

7. P. FORESTIER, en préface de Guy de Larigaudie, *Étoile au grand large*, coll. Religion, Paris, Seuil, 1934 réédité en 2011, p. 7.

distingue l'homme des autres créatures[8]. L'apôtre Paul a conseillé aux Colossiens une éthique de la parole que l'on retrouvait dans la vie de Zokoué : « Que votre parole soit toujours empreinte de la grâce de Dieu et pleine de saveur pour savoir comment répondre avec à-propos à chacun » (Col 4.6, Semeur). Le calme et la profondeur de la pensée de Zokoué s'imposaient à tout observateur, car il savait concilier le beau corporel et le beau spirituel[9]. L'Écriture n'a-t-elle pas dit : « Celui qui surveille sa bouche garde son âme » ? (Pr 13.3).

Zokoué était un chef de famille ; ses responsabilités avec ses voyages ne l'ont pas arraché à sa famille. Il a toujours eu du temps pour la famille après le travail ou le voyage à l'extérieur. L'homme Zokoué pouvait passer la journée entière à la maison avec sa famille, aux côtés de son épouse ou avec les enfants. Un des psaumes de béatitudes souligne le bonheur de l'homme qui craint l'Éternel : « Ta femme est comme une vigne féconde dans l'intérieur de ta maison ; tes fils sont comme des plants d'olivier, autour de la table » (Ps 128.3). Il convient de noter que souvent le souci du ministère l'emporte sur notre responsabilité familiale. Zokoué, quant à lui, a marqué la différence par sa présence dans la famille. Il savait organiser son temps pour le travail et pour le soin de la famille : un temps pour chaque chose.

Zokoué était un homme fidèle à sa vocation pastorale, conscient et fier de son rôle prophétique dans son milieu. Il était le conseiller des autorités séculières ; il a exercé cette fonction sans compromission. Plus d'une fois, les chefs d'État de son pays l'ont sollicité pour assumer des fonctions dans les hautes sphères de la République, mais il a toujours décliné cette offre. Pour lui, la beauté de la tâche pastorale réside dans la distinction à observer vis-à-vis de la fonction rémunérée que peut présenter un gouvernement. Partir de son autel sacerdotal pour intervenir auprès des chefs de ce monde et revenir à sa place devant Dieu, voilà tout son principe. Zokoué savait orienter vers Dieu la gloire de ses exploits dans le séculier. Dans le contexte du sacerdoce en Israël, les Lévites avaient abandonné le service dans la maison de Dieu pour aller chercher le soutien ailleurs. Mais Dieu a utilisé le roi Ézéchias pour les rappeler à l'ordre : « Maintenant, mes fils, cessez d'être négligents ; car vous avez été choisis par l'Éternel pour vous tenir devant lui à son service, pour être ses serviteurs et pour lui offrir des parfums » (2 Ch 29.11). Ainsi, Zokoué n'a jamais accepté la proposition d'un poste ministériel dans son pays jusqu'à sa mort. Il convient de retenir que Zokoué laisse ici un modèle du serviteur désintéressé vis-à-vis des privilèges liés à ses exploits dans le

---

8.   Thomas d'Aquin, *Somme théologique*, tome 1, Paris, Cerf, 1984, p. 751.

9.   P. Vallet, *L'idée du beau dans la philosophie de Saint Thomas d'Aquin*, Paris, Roger et Chernoviz, 1887. Version numérique en ligne : https://archive.org/details/lidedubeaudans00vall.

service de Dieu comme dans le milieu séculier. On peut noter une telle attitude de désintéressement absolu chez Jésus, son maître, lors de son séjour dans le désert, qui rejetait la proposition de la gloire contre l'adoration de Satan (Lc 4.5-8).

Zokoué n'aimait pas profiter de ce qui ne lui coûtait rien. Il savait récompenser le labeur et encourager les efforts du prochain. L'épouse d'un étudiant de la FATEB entretenait un jardin qui renfermait de jolies salades et d'autres légumes. Zokoué passait son chemin en allant vers le bureau et il vit la beauté des légumes, surtout de la salade bien déployée dans le jardin. La dame propriétaire des légumes cueillit quelques pieds de salades et les offrit à Zokoué. Il prit les pieds de salade et remit à la dame une somme au-delà de la valeur de ce qu'il a reçu. Il dit : « La situation économique de cette femme n'est pas la même que la mienne. Aussi ne voudrais-je pas discuter le prix de la gerbe de salade qu'elle m'a apportée ou manger gratuitement le fruit de son labeur ». Cette attitude est une leçon de justice et d'équité transmise par Zokoué, serviteur de Dieu. On peut noter dans cette attitude une valeur : l'intégrité, ce qui peut être compris comme une discipline personnelle raisonnable devant les possessions matérielles. Une telle éthique est relevée chez Jacob vis-à-vis de ses enfants dans le contexte de la famine. Constatant que la provision est finie dans les familles, il leur dit : « Prenez avec vous une double somme d'argent et remportez l'argent qu'on avait remis à l'ouverture de vos besaces, peut-être par inadvertance » (Gn 43.12). Jacob estime que c'est honorable pour sa famille de jouir de ses mérites. Jacob se persuade que ses enfants n'ont pas agi dans l'erreur, ni par cupidité. Il ordonne que cet argent soit remporté et rendu à qui de droit. Cet ordre de remporter l'argent qui était trouvé à l'ouverture des sacs suppose que la famille a bien conservé intact cet argent par crainte de Dieu. L'intégrité communiquée par ce père implique la transparence, l'honnêteté et la justice qu'il réclame de ses fils. L'attitude de Jacob est la preuve de sa crainte de Dieu. Sa piété est partagée par ses fils.

En résumé, l'obligation morale de travailler afin de ne pas manger le fruit de ce qui ne coûte rien à soi était la disposition de l'esprit qui sous-tendait l'attitude de Zokoué. Il n'a usé ni de son statut ni de son autorité pour disposer du bien d'autrui sans compensation. Cela participe de sa grandeur morale, comme l'a souligné Thomas d'Aquin[10]. Dans ce sillage, l'apôtre Paul, s'adressant aux Thessaloniciens, dit : « Nous n'avons mangé gratuitement le pain de personne » (2 Th 3.8). Souvent la pauvreté et la soif de la richesse rapide nous conduisent à développer à la place de l'intégrité des vices, tels que la cupidité, la fraude, le vol ou détournement, voire le mensonge pour arracher à l'autre son bien. Ces vices

---

10. Thomas d'Aquin, *Somme théologique*, Ia-IIae, Q 93.

sont les preuves d'un déficit éthique à plusieurs paramètres, car c'est du cœur de l'homme que vient son œuvre.

L'œuvre

Zokoué était dévoué dans le ministère de la formation à l'échelle continentale, par exemple à travers les GBU d'Afrique francophone, et plus tard au niveau de son pays.

Il était rigoureux dans le travail intellectuel : « Défrichez des champs nouveaux et incisez vos pensées », avait-il l'habitude de nous répéter. La rigueur est une qualité caractéristique de l'exercice du métier du théologien Zokoué. L'exactitude des idées et l'adéquation des illustrations, le soin de la structure du raisonnement et la logique de la pensée et du discours étaient les marques de son professionnalisme. Cet homme n'a pas aimé la répétition ou la récupération des idées d'autres auteurs. Pour nécessité d'enrichissement en même temps par souci de former les jeunes ouvriers à la créativité, à la profondeur de l'analyse, au besoin à l'esprit critique, Zokoué m'a toujours marqué par son souci pour le travail intellectuel très bien fait. Méticuleux dans ses travaux, il développait une éthique pointue du travail intellectuel. Il aimait développer et marquer l'originalité pour tout sujet théologique. C'est bien dans cette ligne de pensée que Bernard Rordorf, qui soutient le courage de la pensée, estime que la théologie doit valoriser sa tâche par un renouvellement inventif du penser de l'Écriture. Il propose donc à la théologie une nouvelle dimension de sa responsabilité : dépasser l'analyse linguistique et systémique de l'Écriture. Selon Rordorf, la lecture de l'Évangile doit tendre à être pensante, à passer du comprendre à l'entendre, en vue d'une histoire à passer et savoir que faire des phénomènes d'une époque en constante transformation[11]. L'inquiétude de Rordorf porte sur le fait que le caractère scientifique de la théologie l'écarte de son point de départ et de son objet pour la perdre dans le système de savoir. Or c'est justement là qu'il faut lire les textes bibliques avec un double regard : identifier leur impact d'hier et la teneur du même impact dans le contexte actuel[12]. Autrement dit, il s'agit de concilier indissolublement savoir et penser dans l'entreprise théologique en intégrant le contexte.

Dans cette ligne de pensée s'inscrit Jean-Marc Ela avec son plaidoyer pour la cause de l'Afrique. Il soutient que toute la question du langage doit être reprise

---

11. Bernard RORDORF, « L'enseignement de la théologie à l'université ; quelques enjeux actuels », *Bulletin du Centre Protestant d'études* 58, n°6, 2006, p. 2-3.

12. *Ibid.*, p. 6.

en fonction de nouvelles données culturelles et sociales qui émergent dans la vie quotidienne dans les sociétés africaines en mutation[13]. Zokoué a ainsi partagé avec ses pairs la même préoccupation, celle de penser la foi à partir de la situation sociale, situation de misère des peuples africains. L'effort de rencontrer l'Africain enraciné dans son histoire et dans sa culture par le mystère de l'incarnation de Jésus-Christ était l'objet de sa production littéraire pendant ces dernières années. Engelbert Mveng et bien d'autres élites de l'Église soutenaient cette entreprise de la théologie africaine : apporter une réponse africaine conforme à l'essentiel de la révélation chrétienne, aux questions nouvelles soulevées par la situation africaine et confronter le christianisme avec les structures de pensée et les réalités culturelles africaines[14].

Zokoué a fait montre d'une motivation prononcée pour l'engagement de la théologie africaine dans les questions sociales du continent en vue de la restauration de la dignité des Africains et leur quiétude à l'instar d'autres peuples. Il ne plaidait pas pour une théologie à l'africaine afin de satisfaire le goût intellectuel ou culturel. Son plaidoyer visait une herméneutique systématique avec des outils africains, afin de produire le sens exact des Écritures pour l'édification de la foi des Africains. Le résultat de cette herméneutique consisterait en une théologie agissante pour la transformation de la situation des Africains. « Que l'un soit fidèle, que l'autre sache exprimer la science sainte, que celui-ci soit habile à discerner la valeur des idées, et celui-là véhément dans ses actes », disait Clément d'Alexandrie soucieux d'exposer le sens des Écritures[15]. Ricœur renchérit cette idée lorsqu'il écrit : « Nous ne nous comprenons que par le grand détour des signes d'humanité déposés dans les œuvres de la culture[16]. » Coach et formateur habile, Zokoué n'a fait que motiver la jeune génération de théologiens à s'engager dans une entreprise théologique rationnelle, intelligente et informée pour toute l'Afrique. En effet, pour lui, le savoir humain au sujet de Dieu doit embrasser tout l'être et impliquer une relation personnelle avec Dieu. Ses pairs dans le rang des évangéliques tels que Tite Tiénou, Abel Ndjerareou, Kwame Bediako, etc., ont suffisamment parlé de cette responsabilité socio-spirituelle des

---

13. Jean-Marc Ela, *Repenser la théologie africaine*, Paris, Karthala, 2003, p. 30.

14. Engelbert Mveng, « Théologie africaine de libération » *Concilium* n°219, 1988, p. 31-51, et Kofi Appiah-Kubi et al,. *Libération ou adaptation ? La théologie africaine s'interroge*, Colloque d'Accra, Paris, L'Harmattan, 1979, p. 41-44.

15. Clément d'Alexandrie, *Les Stromates,* Stromates I, trad. Marcel Caster, Paris, Cerf, 1951, p. 75.

16. Ricœur, cité dans *Dictionnaire encyclopédique de la Bible,* Turnhout, Brepols, 2002, p. 529. Voir Paul Tillich, *Théologie de la culture*, coll. Bibliothèque Médiations, Paris, Ed. Denoël, 1975, p. 214.

théologiens africains vis-à-vis de leurs peuples. Les présentations de Zokoué dans différentes circonstances rassemblées et publiées par le Conseil des Institutions Théologiques en Afrique Francophone (CITAF) sous le titre *Revisiter la théologie en Afrique contemporaine* témoignent à suffisance cette passion pour l'Afrique. Une telle compassion est aussi l'explication de son engagement personnel dans la médiation au niveau national (RCA) pendant plusieurs années. La recherche de l'excellence dans la formation théologique pour l'Afrique est à la base de sa lutte pour le lancement du programme de doctorat à la FATEB. Il n'a eu que deux ans pour goûter au premier fruit de cet effort et Dieu l'a promu au repos pour que ses œuvres l'accompagnent.

Zokoué était un homme de principe. Étant plus limité dans sa mobilité avec l'âge, il décida de restreindre son champ d'action à l'intérieur de son pays, au besoin dans la ville de Bangui. Il agissait conformément au principe de la retraite prescrit par Dieu aux Lévites :

> Depuis l'âge de vingt-cinq ans et au-dessus, tout Lévite entrera en fonction pour (faire) le service de la tente de la Rencontre. À partir de l'âge de cinquante ans, il cessera ses fonctions et ne servira plus. Il assistera ses frères dans la tente de la Rencontre, pour prendre soin de ce qui est remis à leur garde ; mais il ne fera plus de service. (Nb 8.24-26)

Comme preuve de son obéissance à la Parole de Dieu, un jour, je vins dans son bureau à la FATEB pour lui dire que je suis invité comme orateur à la conférence Vision Afrique organisée à Ouagadougou. Après m'avoir écouté, il me dit :

> Abel, merci pour le respect dont tu me témoignes par cette information. Quant à moi, j'ai beaucoup voyagé à travers le monde ; j'ai fait ce que Dieu m'a donné la grâce de faire dans son ministère ; je prends conscience que je dois limiter ma mobilité et mon champ d'action à l'intérieur de Bangui. Puisse Dieu te donner les forces et le zèle nécessaires pour continuer l'œuvre. Va avec ma bénédiction[17].

Puis il pria avec moi et me chargea d'aller dire au Dr Moïse Napon à Ouagadougou : « J'ai reçu deux fois de ta part l'invitation à prendre part à la conférence Vision Afrique. Mais j'ai décidé de ne pas voyager. Je vous envoie celui qui est plus vigoureux que moi pour le travail que je devais faire à cette rencontre. Je prie pour lui et pour la conférence. » En définitive, il s'est résumé à la seule église locale de Kina, à l'intérieur de Bangui, dont il était pasteur jusqu'à

---

17. Isaac ZOKOUÉ, communication du 28 Janvier 2010 à Bangui.

sa mort. La leçon à apprendre chez lui porte sur le transfert de l'autorité et la délégation de pouvoir, le tout s'inscrit dans le principe de la préparation de la relève. Le souci de la continuité de l'œuvre de Dieu a également animé Moïse au terme de sa vie lorsqu'il rendait Dieu responsable de la désignation de son successeur (Nb 27.16-17).

Bien plus, Zokoué, coordinateur du programme de doctorat à la FATEB, a reçu des questions de la part des doctorants sur la problématique de l'éthique du mariage dans son pays. En fait, il nous était donné de constater plusieurs cas de divorce ou répudiation et de remariage dans la vie des serviteurs de Dieu en pleine fonction à côté de leur première épouse. Certains d'entre eux, pour calmer leur conscience, disaient : « C'est la femme de ministère ». Nous lui avons demandé de nous indiquer les fondements bibliques et théologiques de cette éthique que nous trouvions scandaleuse, surtout que nous venons de différentes traditions ecclésiastiques. Sa réponse nous a marqués :

> Chers pasteurs, disait-il, il y a un réel déficit de l'éthique du mariage dans mon pays ; et cela est dû à la culture. Même les théologiens formés à la FATEB ne s'accordent pas pour trouver une voie et une réponse chrétiennes à cette question. Je m'identifie donc à mon peuple pour vous demander pardon pour le scandale que nous vous causons par notre méconduite.

Le mal dénoncé ne le concerne pas personnellement, certes, mais il partage avec son peuple la même humanité corrompue. Nous trouvons une telle attitude dans le leadership de Moïse, le serviteur de l'Éternel, et chez le roi Salomon, dans prière de consécration du temple (1 R 8). La déclaration de Zokoué témoigne d'une conscience de son identité culturelle trempée dans le péché et de sa disponibilité à reconnaître et à confesser les limites de la nature humaine qu'il partage avec son peuple et le reste de l'humanité.

Zokoué a fait observer que beaucoup d'Africains se confortent dans les études continues sans se soucier de comment traduire les résultats de ces études dans les aspects concrets de la vie de leur société. Pourtant, le bonheur de l'homme ne réside pas dans l'accumulation des connaissances et dans l'excellence scientifique. Il consiste dans la connaissance du Christ, le révélateur de Dieu, et dans l'expérience de la puissance de sa résurrection en lien avec le contexte des hommes (*cf.* Ph 3.8-10). C'est ce que la théologie développe et communique aux hommes. Bien que Zokoué soit mort, il continue d'interpeler tout Africain théologien, surtout systématicien, par rapport à l'enseignement de la dogmatique. Je me rappelle la mission qu'il m'a confiée en novembre 2012 au sujet du cours de christologie et sotériologie.

Il m'a dit :

> C'est moi qui ai toujours enseigné ce cours à la FATEB et ailleurs selon les sollicitations. Je m'en vais te laisser désormais la responsabilité de l'enseigner pour me retirer du cercle de l'activité vive. Si la systématique en Afrique francophone décline ou perd sa rigueur, tu en porteras la responsabilité. J'espère pouvoir compter sur toi.

Cette parole demeure vivace dans l'esprit tant que le Seigneur laisse des jours à vivre et renouvelle la grâce de le servir dans sa maison.

Abel Ngarsouledé

Doyen de la Faculté de Théologie Evangélique *Shalom* (FATES),

N'Djamena, Tchad.

Il a fait ses études de théologie à la FATEB où Isaac Zokoué était doyen.

Références

APPIAH-KUBI, Kofi et al., *Libération ou adaptation ? La théologie africaine s'interroge. Colloque d'Accra*, Paris, L'Harmattan, 1979.

CLEMENT d'Alexandrie, *Les Stromates*, Stromates I, trad. Marcel Caster, Paris, Cerf, 1951.

Dictionnaire encyclopédique de la Bible, publié sous la direction du Centre Informatique et Bible sous la responsabilité scientifique de Pierre-Maurice Bogaert, Mathias Delcor, Edmond Jacob, Edouard Lipinski, Robert Martin-Achard et Joseph Pontot, Turnhout, Brepols, 2002.

ELA, Jean-Marc, *Repenser la théologie africaine*, Paris, Karthala, 2003.

FORESTIER, P., en préface de Guy de Larigaudie, *Étoile au grand large*, coll. Religion, Paris, Seuil, 1934 réédité en 2011.

MVENG, Engelbert, « Théologie africaine de libération », *Concilium* n°219, 1988, p. 31-51.

RODORF, Bernard, « L'enseignement de la théologie à l'université : quelques enjeux actuels », *Bulletin du Centre Protestant d'études* n° 6, 58/2006, p. 2-3.

THOMAS d'Aquin, *Somme théologique tome 1*, Paris, Cerf, 1984.

THOMAS d'Aquin, *Somme théologique tome 2*, Paris, Cerf, 2012.

TILLICH, Paul, *Théologie de la culture*, coll. Bibliothèque Médiations, Paris, Ed. Denoël, 1975.

TERTULLIEN, *Traité de l'ornement des femmes*, Paris, M. Charpentier, 1844. En ligne : http://www.tertullian.org/french/delornementdesfemmes2.htm.

VALLET, P., *L'idée du beau dans la philosophie de Saint Thomas d'Aquin*, Paris, Roger et Chernoviz, 1887. Version numérique consultée le 10 Juin 2018 : https://archive.org/details/lidedubeaudans00vall.

Un pasteur, une référence

La première rencontre

Zokoué était le doyen de la FATEB lorsque je le rencontrai pour la première fois, à l'occasion d'une rencontre du staff national avec ce membre d'honneur de l'UJC. Il avait une grande réputation, sans doute en raison de son grade de docteur d'État en théologie. À cette époque, Zokoué était presque inaccessible à mes yeux ; j'étais en classe de seconde et simple représentant des élèves de l'UJC en Centrafrique. Je me rappelle encore l'impression qu'il me fit : un homme d'une stature impressionnante, au propre comme au figuré. Il écoutait patiemment et parlait posément. Je fus surpris de le voir faire de l'humour. Son ombre avait toujours cet aspect de conciliation et de réconciliation, et sa personne en dégageait une autorité correspondante. Trois faits m'ont particulièrement marqué.

Quelques faits marquants

Le premier fait concerne le dialogue national organisé après le putsch de l'ex-Général Président Bozizé. Zokoué était le président de ce dialogue et de ce fait, dirigeait les débats. Une phrase de son discours d'ouverture reste toujours gravée dans ma mémoire et je la cite : « Il ne faut pas que les victimes d'hier deviennent les bourreaux d'aujourd'hui et que les bourreaux d'hier deviennent les victimes d'aujourd'hui ». Perspicace, c'était un homme qui avait des vues claires et précises sur certaines situations.

Le second fait fut une grande crise que traversa une église de sa dénomination, l'Union Fraternelle des Églises Baptistes (UFEB). La crise était si sérieuse que la maison du pasteur et celle d'un diacre furent incendiées. L'alternative était d'envoyer le pasteur Zokoué pour diriger cette église. Je ne maîtrisais pas le problème, ni sa cause et encore moins sa résolution. Mais je puis affirmer qu'il laissa une église apaisée et guérie de ces déchirures.

Le troisième fait fut une autre crise, cette fois-ci au sein de la plateforme de l'Alliance des Évangéliques en Centrafrique (AEC) dont il fut le premier président. Je me rappelle toujours cette journée comme si c'était hier. J'étais présent en tant que Secrétaire général de l'UJC-RCA. Les échanges étaient houleux dans la salle, particulièrement entre le Président exécutif et son Secrétaire général.

Évidemment, il y avait deux parties antagonistes presque irréconciliables. Comme d'habitude, le pasteur Zokoué était là, silencieux, observant, ou peut-être attendait-il que nous soyons à bout de souffle. Lorsqu'il prit la parole, il y eut un tel silence mêlé de respect. L'assemblée avait compris qu'il était temps qu'elle se taise et laisse la voix de la sagesse parler. Il demanda à chaque partie de transcender son ego personnel et de privilégier l'unité du corps de Christ, en citant certaines expériences positives et négatives qu'il a pu faire lui-même. Il précisa que si l'Église devait contribuer au développement politique et social de la nation, il y a des limites qu'elle ne devait pas franchir dans le monde politique. Sage, il l'a été pour la Centrafrique et pour l'Afrique francophone dans sa mission itinérante.

L'itinéraire du missionnaire

Le pasteur Isaac Zokoué fut l'un des pionniers de l'UJC en RCA, mouvement qu'il créa en revenant du Tchad avec certains de ses frères, dont Luc Wenezoui. À partir de leur expérience du Tchad, ils initièrent l'UJC au lycée Émile Gentil. Il était reconnu par ses condisciples comme pasteur. Je me rappelle une discussion en 2000 avec le vice-recteur qui le cita comme un modèle ; il fut leur pasteur dans leur établissement pendant leur période d'études secondaires. Déjà à ce niveau, il projeta une ombre de moralité et de spiritualité qui couvrait sa génération de lycéen.

Cette qualité l'amena tout naturellement vers des études théologiques. Il fut l'un des pionniers d'Afrique francophone à poursuivre (avec des arrêts) ses études jusqu'à l'obtention d'un doctorat d'État. Il fut un véritable pionnier de l'UJC de Centrafrique dès son retour du Tchad. Il en fut le premier Secrétaire général. De même, il fut le premier Africain Secrétaire régional des Groupes Bibliques Universitaires d'Afrique Francophone (GBUAF) après le pasteur Alastair Kennedy, et le premier Africain doyen de la Faculté de Théologie Évangélique de Bangui (FATEB). Il faisait de la formation sa priorité, surtout la formation des jeunes.

La formation des jeunes, une passion

En tant que premier Secrétaire de l'UJC, il comprit que pour la pérennité de ce mouvement, il fallait poser de bonnes bases. Il comprit que la formation des jeunes de ce mouvement devait être son fer de lance. L'UJC a plus évolué dans les lycées, car la RCA n'a eu son université que dans les années 1970. La majorité des lycéens à cette époque étaient en internat, ce qui facilita le travail. Et les congés étaient des opportunités pour lui, car il les saisissait pour organiser des camps de formation. En ce temps-là, l'État qui en voyait l'utilité n'hésitait pas à soutenir financièrement et logistiquement ces activités. Quand nos devanciers nous parlaient de ces camps, ils étaient frappés par l'humilité des pionniers qui étaient là pour les servir afin qu'ils puissent, eux, se concentrer sur la formation.

C'est dans cet élan de formation des jeunes qu'il repéra le pasteur Gnoka Michel. Celui-ci se distinguait déjà au lycée par une consécration particulière, ce qui le mena à la FATEB pour les études théologiques. À la fin de ses études, il prit le relais du pasteur Zokoué sollicité au niveau de la région. À ce stade, il dut tirer des leçons de son expérience au plan national. Il commença donc par la rédaction de manuels ; toujours passionné par la formation, il lui fallut de bons outils et une cartographie pionnière pour la région d'Afrique francophone par pays. Malgré ses multiples occupations, il trouvait du temps pour moi, comme un mystérieux conseiller.

Le mystérieux conseiller qu'il fut pour moi

Le pasteur Zokoué a toujours été pour moi un conseiller mystérieux. Hormis ses rires, il ne laissait pratiquement pas paraître ses émotions. De son regard à la fois perçant et profond, je me demandais toujours s'il ne lisait pas directement dans mes pensées. Cependant, il était toujours disponible non seulement pour accueillir mais aussi et surtout pour écouter malgré ses responsabilités. Il avait toujours du temps et cela me laissait sans voix. Il possédait un niveau d'analyse tellement pertinent que je ne pouvais que le consulter lorsque je me trouvais dans des situations que je jugeais délicates.

Étant dans les affaires, je le consultais. Il donnait son point de vue et il prenait toujours le temps de prier avec moi pour que la volonté de Dieu se manifeste. Il y eut cet épisode concernant l'un de mes fils et moi. Le pasteur régla le problème d'une manière qui me déplut, ce que je lui signifiai d'ailleurs en face, assis dans son bureau. Aussi surprenant que cela puisse paraître, il prit le temps de m'écouter, mais sans rien répondre. Je me levai et partis de son bureau. Mais cet incident n'a jamais influencé négativement notre relation.

Le pasteur Zokoué me suivait dans tous les aspects de ma vie ; il aimait avoir de mes nouvelles. Il passait à mon bureau et visitait même les toilettes. Pour tout ce qui concernait la jeunesse, il n'hésitait pas à m'y impliquer ou à me recommander. Il voulait se rassurer sur mes progrès. J'ai encore en mémoire son regard et les mots qui accompagnaient son calme légendaire, alors que j'étais en proie à une crise au sein du mouvement : « Tu es en train de grandir, il faut donc que tu apprennes à lire entre les lignes. »

Le mot de la fin

Je voudrais tout simplement qu'on se rappelle un homme qui s'est illustré sous plusieurs angles. Je ne l'ai jamais vu se faire admettre par son allure ou sa prestance imposante ; il était tout simplement remarquable par ses qualités : patient, perspicace, lui qui devant chaque situation vous présentait les avantages et les inconvénients et vous laissait faire votre choix. Si parfois il partageait ses expériences, il était conscient du changement de paradigme.

Yvan Baguida
Secrétaire général de l'Union des Jeunes Chrétiens de Centrafrique

Il était un mentor par ses écrits

Luc était un médecin de son état, un intellectuel hors pair. Il ne faisait pas partie du cercle restreint des disciples de Jésus, ceux qu'on appelait les Douze. Mais on le reconnaissait comme étant un compagnon d'œuvre de l'apôtre Paul, un autre érudit qui n'était pas non plus parmi les Douze. Luc est l'auteur de l'Évangile qui porte son nom et des Actes des Apôtres. C'était au terme d'un travail phénoménal de recherche qu'il composa le récit des événements qui se rapportaient à la personne et l'œuvre de Jésus-Christ. Ce qu'on peut considérer comme un avant-propos de l'Évangile qui porte son nom le témoigne à suffisance :

> Puisque plusieurs ont entrepris de composer un récit des événements qui se sont accomplis parmi nous, tels que nous les ont transmis ceux qui, dès le commencement en ont été les témoins oculaires et qui sont devenus serviteurs de la parole, il m'a semblé bon à moi aussi, après avoir tout recherché exactement depuis les origines, de te l'exposer par écrit d'une manière suivie, excellent Théophile, afin que tu reconnaisses la certitude des enseignements que tu as reçus. (Luc 1.1-4)

Isaac Zokoué était aussi l'un de ces intellectuels de renom, une figure emblématique de la théologie en Afrique contemporaine. Titulaire de deux doctorats[1], il était auteur de quelques ouvrages dont *Jésus-Christ, le mystère des deux natures. Perspective africaine*[2], et de nombreux articles[3]. Il était pour moi un mentor par ses écrits. À cet effet, je vais essayer avec crainte et tremblement de lui rendre un témoignage en deux points : le cadre historique et conceptuel et les traces de mentor par les écrits.

---

1. Un doctorat en Théologie Systématique (1983) et un doctorat d'État (1993).
2. Publié aux éditions CLÉ, Yaoundé, 2004.
3. *Cf.* Isaac ZOKOUÉ, *Revisiter la théologie en Afrique contemporaine*, Abidjan, CITAF, 2016. Cet ouvrage publié *post mortem* est une compilation d'un certain nombre de ces articles.

Le cadre historique et conceptuel

Le 6 mars 1957, l'Union des Jeunes Chrétiens (UJC) du Tchad naît au Collège Félix Éboué[4] (CFE) de Fort-Lamy[5], la capitale. En ce jour-là, l'ex-Union Soviétique lança son premier satellite artificiel, et le Ghana de Kwame Nkrumah accéda à la souveraineté nationale, alors que le Tchad était encore sous la domination coloniale. Quatre braves et dévoués jeunes chrétiens dont René Daïdanso, venus de différentes églises et assemblées évangéliques issues de diverses dénominations chrétiennes, en étaient les fondateurs. Ce mouvement interdénominationnel fut officiellement reconnu en 1963, année au cours de laquelle elle vit aussi le jour en République centrafricaine. L'UJC du Tchad fut affiliée aux Groupes Bibliques Universitaires d'Afrique Francophone (GBUAF) en 1992, et à l'Union Internationale des Groupes Bibliques Universitaires (UIGBU) en 1995. L'UIGBU est mieux connue sous sa dénomination anglaise International Fellowship of Evangelical Students (IFES).

Isaac fit une partie de ses études secondaires dans cet établissement qui voyait naître l'UJC du Tchad. C'était bel et bien là qu'il fit la rencontre de René, un peu plus âgé que lui de quelques mois, car ils étaient tous deux de 1944. En 2014, ironie du sort, le jeune frère devança le grand frère de deux semaines dans l'éternité auprès du Père qu'ils avaient servi fidèlement dans leurs pays respectifs, mais aussi au Kenya pour celui-ci et en Côte d'Ivoire pour celui-là. Ces deux frères étaient comme les deux amis de Monomotapa[6]. Comme le dit la Bible, « l'ami aime en tout temps, et dans le malheur il se montre un frère » (Pr 17.17, Louis Segond). Solomon Andria raconte leurs parcours :

> Le grand frère alla à Vaux-sur-Seine pour apprendre de Dieu, le petit frère le suivit. Le grand et le petit, après leurs études, décidèrent de rentrer, l'un après l'autre, en Afrique pour servir Dieu et ce, pendant plus de 40 ans, l'un à N'Djamena, à Nairobi et à N'Djamena, l'autre à Bangui, à Abidjan et à Bangui. Et ils se voyaient régulièrement à travers toute l'Afrique, l'Afrique francophone étant devenue leur paroisse commune[7].

---

4. C'est l'actuel Lycée Félix Éboué (LFE).

5. La capitale du pays de Toumaï a été rebaptisée N'Djamena en 1973 par le Président Ngarta Tombalbaye à la faveur de la révolution culturelle et sociale.

6. Jean de LA FONTAINE, « Les deux amis » (*Fable XI*), dans *Fables*, Paris, GF-Flammarion, 1966, p. 217-218.

7. S. ANDRIA, « Introduction », dans *Daïdanso, l'homme et l'œuvre*, sous la direction de Abel Ndjerareou, Abidjan/Cotonou/Yaoundé/Chanois/Carlisle, LivresHippo, 2015, p. 5.

On sait que les gens suivent souvent une personne qui les inspire, et qui leur donne une vision claire et convaincante. Et il n'est pas rare que, par la suite, ils en viennent à se prendre en charge, à devenir meilleur, à agir avec un dévouement et une loyauté incontestables. Un tel résultat peut bel et bien être obtenu par tout mentor qui sait s'appliquer au mentorat.

Le mentorat consiste, pour des responsables en fonction, à développer de façon intentionnelle des relations significatives avec des responsables émergents. Il prépare la nouvelle génération de leaders. On le voit dans le cas de Moïse avec Josué, d'Élie avec Élisée, de Jésus avec les disciples, de Paul avec Timothée et Tite, etc. La santé et l'avenir de l'Église et autres institutions en dépendent. C'est « une forme d'accompagnement pédagogique pratiqué dans de nombreux domaines, du monde des affaires à la politique. Cette aide pédagogique a une réelle pertinence dans le ministère chrétien[8] ». Le mentorat est aussi défini ainsi :

> Le mentorat constitue une relation d'apprentissage entre deux personnes : le mentor (généralement à la moitié de sa carrière) partage ses connaissances, son expertise, ses acquis et la sagesse de son expérience avec une personne moins expérimentée, le mentoré (généralement au début de sa carrière)[9].

De plus, M. Sanders et A. Stamp définissent le mentorat comme « comme un soutien personnel, volontaire et gratuit, à caractère confidentiel, apporté par un mentor[10] ». Celui-ci sert donc de grand frère, de guide, de conseiller, de partenaire dans la prière et de modèle au mentoré. De ce fait, il ne l'évalue pas. En effet, le rôle du mentor consiste, dès le départ, à aider le mentoré à atteindre son plein potentiel. Il s'investit à fond dans sa vie qu'il s'applique à étudier, lui pose des questions stratégiques et lui donne un éclairage qui va améliorer son efficacité. Enfin, « il n'est pas nécessaire que le mentor soit âgé. Des jeunes peuvent mettre en place une relation de mentorat pour des plus jeunes qu'eux[11] ».

« Le mentoré doit être "enseignable", un "mordu d'apprentissage"[12] », devant pouvoir s'exposer intentionnellement à l'accompagnement du mentor, pour accroître sa confiance, découvrir ses aptitudes, discerner la volonté de Dieu, établir ses objectifs personnels et spirituels liés à sa vie et à son ministère. À cet

---

8. M. Sanders et A. Stamp, *Multiplier les leaders : Le mentorat, l'art de l'accompagnement*, Marpent, France, Éditions BLF, 2012, p. 30.

9. RSE Challenge, cité dans Sanders et Stamp, *Multiplier les leaders*, p. 25.

10. *Ibid.*, p. 26.

11. *Ibid.*

12. *Ibid.*, p. 27.

effet, « il doit être capable d'exprimer ses besoins, ses attentes et ses interrogations face à son ministère. Il doit avoir l'esprit ouvert, accepter la rétroaction et les conseils du mentor et se remettre en question lorsque c'est nécessaire[13] ».

> La relation de mentorat peut être formelle ou informelle [...]. Les rencontres peuvent avoir lieu à (des) intervalles assez espacés, et la relation est à long terme. Dans certains cas, il se peut qu'il n'y ait jamais de rencontre avec le mentor. Il peut être l'auteur d'un ou de plusieurs livres qui ont grandement influencé le lecteur et qui le modèlent encore. Ce peut aussi être un personnage dont la biographie a profondément marqué le lecteur[14].

En effet, pour ma part, je n'ai jamais rencontré des auteurs comme le Dr Billy Graham[15] ni Alfred Kuen[16], mais leurs écrits ont grandement influencé et révolutionné ma vie. Je m'efforce, comme je peux, de leur ressembler : faire « l'œuvre d'un évangéliste » comme le Dr Billy Graham et écrire comme eux. Dans ce cas, chacun d'eux a été mon mentor et continue de l'être. Être mentor de façon formelle est une chose, l'être de façon informelle par ses écrits en est une autre. Il convient de rappeler que le professeur Zokoué a d'abord été mon mentor par ses écrits, puis par le contact personnel quand j'ai eu le privilège de le rencontrer. Comme tel, il m'en a laissé des traces.

Les traces de mentor par les écrits

Comme les autres mouvements nationaux de la famille régionale (GBUAF) ou mondiale (IFES), l'UJC du Tchad est un cadre de rencontre et de communion avec Dieu et avec les autres, un carrefour de l'ordinaire et de l'extraordinaire. J'en avais fait l'expérience personnellement. En suivant purement et simplement mon grand frère[17] direct, j'avais commencé à m'y intéresser et j'ai fini par y adhérer. J'étais au cours moyen (CM1) à ce moment-là. Or, statutairement, en plus d'être chrétien(ne), on ne peut en devenir membre qu'à partir du collège.

Un jour, j'étais assis à côté du Secrétaire général[18] (SG) qui prenait notes d'une activité qui se déroulait. À un moment donné, il a cessé d'écrire et a commencé à

---

13. *Ibid.*

14. *Ibid.*, p. 201-202.

15. Le Dr Billy Graham a été élevé à la gloire céleste le 21 février 2018 à l'âge de 99 ans.

16. Le professeur Alfred Kuen a été élevé à la gloire céleste le 6 avril 2018. Il avait 97 ans.

17. Le nommé Mamadou Bodjim Jonas.

18. C'était le frère Ngambor Noël Donatien.

verser des larmes. Je n'y comprenais rien, et je n'en avais pas non plus demandé la cause. À ma grande surprise, il m'a remis tout ce sur quoi et avec quoi il prenait des notes, et m'a prié d'en assurer la continuité. Curieusement, il m'en a laissé toute la charge jusqu'à la fin de la rencontre, car il s'est rendu compte que je l'avais plutôt bien assurée malgré mon niveau. Dès lors, il a fait de moi son assistant chargé de prendre des notes, et me faisait participer du même coup à sa dignité. De temps en temps, il arrive qu'il me donne l'occasion de m'affirmer et de prendre des initiatives, quand c'est nécessaire. Il m'a propulsé sur la scène sans crier gare, dans l'arène du leadership. Ainsi m'a-t-il passé le témoin sans que ni lui-même ni moi n'en ayons conscience. Certes, je n'en avais pas statutairement le niveau, mais j'en avais naturellement les dispositions. Et quand il a plu au Seigneur de m'ouvrir les portes des études au collège, mon heure a sonné du même coup.

À cette époque, où j'ai eu le concours d'entrée en classe de sixième au collège d'enseignement général (CEG), le seul de la ville de Moïssala, j'avais effectivement compris que l'heure était venue pour moi de prendre les choses en main, de me mettre à la tâche, avec la conscience de et à la chose. Alors je n'ai pas hésité un seul instant d'accepter les charges de Secrétaire général adjoint (SGA). On me les a proposées quand l'équipe dirigeante du groupe local de l'UJC du CEG était mise sur pied. Encore une fois, mon responsable hiérarchique, c'est-à-dire le SG qui m'avait vu à l'œuvre à ses côtés m'a vite fait confiance, et a fait reposer sur moi le travail que j'ai accompli « avec zèle, amour et foi ». Entre-temps, les responsables nationaux nous ont fait partir de N'Djamena quelques exemplaires du tout premier numéro de *Découvertes*, un magazine chrétien de l'universitaire.

Le professeur Zokoué était le Secrétaire régional (SR) des GBUAF à ce moment-là. J'ai fait la découverte de cet homme de Dieu à travers ce premier numéro de *Découvertes* dont il avait signé l'éditorial : « À la découverte de *Découvertes* ». En voici un extrait :

> [...] À la croisée de la curiosité intellectuelle et de la curiosité mystique, *Découvertes*, magazine chrétien de l'universitaire, vous invite à une double démarche. Magazine chrétien parce qu'il fonde sur la Bible les éléments de réponse qu'il apporte à l'interrogation de l'homme sur le sens de sa vie. Magazine de l'universitaire parce qu'il répond à une certaine exigence intellectuelle de la quête de l'homme. La foi et la raison sont toutes deux des dons de Dieu ; aussi leur mariage est-il un des plus heureux et l'homme s'y épanouit pleinement. C'est pourquoi elles devraient se compléter avantageusement dans l'expérience chrétienne.

Mais nous n'allons pas en rester à une déclaration de principes. Dans son premier numéro, *Découvertes* a choisi de débattre du thème : « La foi : un frein au développement ? » La question est posée. Si vous dites que la foi est un frein au développement, vous pouvez avoir raison. Et si vous dites que la foi n'est pas un frein au développement, vous pouvez également avoir raison. En somme, tout dépend du contenu que vous donnez à ce développement. Dans les deux cas, vous ne faites qu'un constat ; vous portez un jugement à tort ou à raison sur une situation de faits. *Découvertes*, au-delà d'un simple constat, veut plaider en faveur d'une interaction de la foi et du développement, d'une dynamique de la foi dans le développement. Il n'y a pas de réponse toute faite. Il faut oser remettre en question ses opinions favorites et avoir l'humilité de se mettre à l'écoute d'autres arguments. De cette manière, le lecteur est appelé à dégager sa réponse à la question posée [...][19].

Dès lors, *Découvertes* a été pour moi un facteur de découverte du professeur Zokoué et de son œuvre. Il était le tout premier Africain à occuper ce poste de SR des GBUAF, avec pour mission d'assurer la phase d'établissement du ministère. À cet effet, il a élaboré un précieux outil de travail : le *Manuel du responsable*[20] (couverture orange). Avant lui, la phase pionnière a été assurée par le pasteur Alastair Kennedy, un missionnaire venu d'Écosse. La phase de développement à travers les mouvements nationaux a été assurée par un autre et deuxième Africain, le professeur Solomon Andria, qui a trouvé bon d'écrire un pareil outil de ministère : *Le nouveau manuel du responsable* (couverture rouge-bordeaux). Plus tard, ces deux manuels ont été fusionnés et actualisés sous le titre de *Manuel des Groupes Bibliques* (couverture rose) par Pascal Ratovona, alors Secrétaire itinérant (SI) des GBUAF chargé de la formation.

À propos du *Manuel du responsable*, Gnaléga disait :

Ce manuel vient à son heure. Il servira de bréviaire à chaque membre des Groupes Bibliques Universitaires dans son action quotidienne dans la mesure où chaque converti est un témoin, un responsable [...]. Mais le responsable n'oubliera jamais que le meilleur manuel auquel le renvoie sans cesse celui-ci est l'Écriture, « inspirée de

---

19. Isaac ZOKOUÉ, « Éditorial : À la découverte de Découvertes », *Découvertes : Magazine chrétien de l'universitaire* n°1, Deuxième de couverture, 1979.

20. *Manuel du responsable*, Abidjan, GBUAF, 1975.

Dieu, et utile pour enseigner, pour convaincre, pour corriger, pour instruire » (2 Timothée 3.16)[21] ».

Effectivement, j'ai appris à être responsable grâce au *Manuel du responsable* et à mon attachement à la Parole de Dieu. Le professeur Zokoué a été également mon mentor à travers cet ouvrage.

Il a particulièrement mis l'accent sur la responsabilité du responsable. J'ai notamment pu retenir les choses suivantes :

- Tout étudiant ou étudiante qui appartient à Christ et qui accepte sans restriction la base doctrinale des GBUAF (parfois en y apposant sa signature) peut être responsable d'un groupe (p. 5). Comme tel, il doit résister à la tentation de devenir « chef » et de dominer sur les autres (*cf.* 1 P 5.3), car il est appelé à suivre son Seigneur qui a choisi d'être le serviteur des autres (p. 16, *cf.* Mc 10.45 ; Ph 2.7).
- Le vrai chef du groupe, ce n'est pas un responsable humain, mais c'est Christ le Seigneur (p. 13, *cf.* Col 1.18).
- Le responsable doit se sentir appelé à son poste par Dieu plutôt que par les hommes, même si la volonté de Dieu lui a été révélée par une assemblée générale du groupe (p. 16).
- Comme Philippe, Etienne et bien d'autres, il doit être capable d'enseigner un jeune chrétien, de conduire quelqu'un à Christ, de discerner le vrai du faux, de combattre le bon combat de la foi en résistant aux puissances des ténèbres.
- Appelé à être le berger du groupe à la suite du bon berger (*cf.* Jn 10.1-16) et « modèle du troupeau » (*cf.* 1 P 5.1-4), il doit veiller sur sa santé spirituelle et sur la croissance en Christ des membres (p. 17, *cf.* Ac 20.28).

En outre, il a su retracer brièvement l'historique du mouvement estudiantin. J'ai alors compris que le premier GBU a été fondé en 1877 à l'université de Cambridge (Grande Bretagne), le mouvement mondial[22] l'a été en 1947 lors d'un congrès tenu à Boston (USA). Le mouvement anglophone et lusophone a vu le jour en 1958 à la suite d'une tournée de reconnaissance effectuée à travers l'Afrique par un homme d'affaires britannique. Un envoyé spécial des GBU de la Suisse Romande en Afrique francophone en 1964 a aidé à mettre sur pied celui de Dakar en 1965 et celui d'Abidjan en 1966. Les GBUAF ont été formellement

---

21. J. GNALEGA, « Avant-propos », dans *Manuel du responsable*, Abidjan, GBUAF, 1975, p. 1-2. Jérémie Gnalega était alors le Président du Comité Exécutif des GBUAF. Il fut député à l'Assemblée Nationale de Côte d'Ivoire (voir *Découvertes* n°1, p. 9-11).
22. International Fellowship of Evangelical Students (IFES).

constitués lors d'un congrès tenu à Abidjan en 1968, et se sont affiliés par défaut comme un mouvement national au mouvement mondial un peu plus tard lors d'une assemblée mondiale tenue à Mittersill (Autriche).

C'est seulement à partir de 2007 que j'ai commencé à découvrir la personne du professeur Zokoué, et plus particulièrement en 2009 où il m'a reçu pour la première et la dernière fois dans son bureau à la Faculté de Théologie Évangélique de Bangui (FATEB). J'étais venu le voir sur rendez-vous pour deux choses : 1) le projet des GBUAF de proposer à l'UJC de Centrafrique un Centrafricain de la diaspora comme nouveau Secrétaire général, suite au décès de Maxime Tombi en décembre 2008 ; 2) l'éventualité pour moi de recevoir les charges de mon assemblée locale, alors que je me préparais activement à me retirer du staff des GBUAF. Il a pris le temps de m'écouter attentivement, de me poser des questions pertinentes auxquelles j'ai donné des réponses conséquentes, avant de me donner avec douceur son point de vue et de me prodiguer avec humilité de précieux conseils. C'est sur cette note singulière que j'en viens au mot de la fin.

Le mot de la fin

Ni Daïdanso, ni Zokoué n'a pu honorer de sa présence ma consécration à N'Djamena (Tchad), comme ancien en charge de l'Assemblée Chrétienne Alliance Missionnaire (ACAM), en date du 28 avril 2013. Ils étaient tous deux durement éprouvés dans leur santé physique. J'ai eu le privilège de consacrer à l'un d'eux l'article suivant dans les colonnes du journal Espoir de l'Union des Jeunes Chrétiens (UJC) du Tchad :

> Le mot n'est certainement pas trop fort. Le professeur Isaac Zokoué allait mal. Vous l'aviez probablement appris, et peut-être aviez vous-même contribué à rendre possible ses soins, par vos prières et par vos dons. Soyez-en remerciés, et que le Seigneur vous le compte comme justice.
>
> Sachez qu'il était évacué d'urgence à Abidjan (Côte d'Ivoire) dans un état de santé critique. Des SOS étaient lancés en sa faveur, et de nombreuses bonnes volontés s'étaient fort heureusement manifestées comme un seul homme, par des prières et des dons. Tout cela avait permis qu'il ait subi une double intervention chirurgicale, sous le regard de Dieu et à l'ombre de ses ailes.
>
> Le 11 décembre 2013, les enseignants du Centre Africain du Christianisme Contemporain (CACC) des Groupes Bibliques Universitaires d'Afrique Francophone (GBUAF), qui étaient alors en

concertation à Abidjan, lui avaient rendu visite dans un *guest house* de la Christian and Mission Alliance (CMA) où il récupérait, assisté de sa femme. Il reconnaissait quasiment tous ces visiteurs et avait bonne mine. Il était même assez bavard. Témoignant de la grâce de Dieu à son égard, il avait reconnu avoir été mal fichu.

Le professeur Isaac Zokoué est une icône des Groupes Bibliques Universitaires (GBU), de l'Église et de la théologie en Afrique francophone. Ce personnage légendaire dont on peut dire par la foi que la vie est hors du danger, coule les jours de sa convalescence en Côte d'Ivoire, alors qu'un tsunami secoue sans ménagement son cher pays, la Centrafrique. De plus, on dit que sa femme qui veille sur lui manifeste ces derniers temps quelque trouble de comportement. C'est un sujet de prière[23].

Et pourtant, Dieu en a décidé autrement après un autre séjour en Côte d'Ivoire pour les soins. Le 12 septembre 2014, le Seigneur l'a finalement élevé à la gloire. J'ai eu le privilège de me rendre à Bangui pour représenter les GBUAF à la cérémonie funéraire et à la mise en terre. À l'occasion, j'ai lu l'oraison funèbre en lieu et place du Secrétaire régional des GBUAF, le pasteur Augustin Cossi Ahoga empêché. J'avoue que je l'avais finie avec beaucoup de peine, car j'ai versé d'abondantes larmes. Je me rappelle qu'en ex-Yougoslavie, alors qu'on interviewait les déplacés de guerre, l'un d'eux, un jeune garçon, versa des larmes. À la question : « Pourquoi pleures-tu ? », il répondit : « Ce n'est pas moi, c'est mon cœur »[24]. Heureusement qu'un jour viendra où Dieu lui-même « essuiera toute larme de [nos] yeux, la mort ne sera plus, et il n'y aura plus ni deuil, ni cri, ni douleur, car les premières choses ont disparu » (Ap 21.4).

Barka Kamnadj

Ancien à l'Assemblée Chrétienne Alliance missionnaire (ACAM),

N'Djamena, Tchad

Consultant en étude biblique

Secrétaire itinérant des GBUAF de 1993 à 2013

---

23. Barka Kamnadj, « Le professeur Isaac Zokoué allait mal », *Espoir* n°86, 2013, p. 6.

24. Barka Kamnadj, *Au-delà de toute espérance*, Canevas d'étude biblique, Cotonou, PBA, 2013, p. 24.

Références

Andria, Solomon, « Introduction », dans *Daïdanso, l'homme et l'œuvre*, sous la direction de Abel Ndjerareou, Abidjan/Cotonou/Yaoundé/Chanois/Carlisle, LivresHippo, 2015.

Gnalega, J., « Avant-propos », dans *Manuel du responsable*, Abidjan, GBUAF, 1975.

Kamnadj, Barka, *Au-delà de toute espérance*, Canevas d'étude biblique, Cotonou, PBA, 2013.

Kamnadj, Barka, « Le professeur Isaac Zokoué allait mal », *Espoir* n°86, 2013.

La Fontaine, Jean (de), « Les deux amis » (*Fable XI*), dans *Fables*, Paris, GF-Flammarion, 1966.

Sanders, M., et A. Stamp, *Multiplier les leaders : Le mentorat, l'art de l'accompagnement*, Marpent, France, Éditions BLF, 2012.

Zokoué, Isaac, « Éditorial : À la découverte de Découvertes », *Découvertes : Magazine chrétien de l'universitaire* n°1, Deuxième de couverture, 1979.

Zokoué, Isaac, *Revisiter la théologie en Afrique contemporaine*, Abidjan, CITAF, 2016.

Mon ami, mon collègue

Les Groupes Bibliques Universitaires et la Ligue pour la Lecture de la Bible sont deux œuvres sœurs à plus d'un titre. Cette parenté institutionnelle a créé et continue de créer des liens entre ceux qui œuvrent dans leurs rangs. C'est donc tout naturellement que Isaac Zokoué, Secrétaire des GBUAF, et moi-même, Coordonnateur de la Ligue pour l'Afrique francophone, nous sommes souvent retrouvés autour d'une même table pour mettre ensemble idées et projets. De plus, nous résidions tous deux à Abidjan. Nous nous rencontrions donc souvent. La famille Zokoué a même passé toute une semaine chez nous dans le village d'Anono pour se reposer loin du carrefour bruyant où le siège des GBU l'avait installée. Les GBUAF avaient une longueur d'avance sur la Ligue, car son Secrétaire régional était Africain alors que celui de la LLB était encore un Européen ! Le dernier Secrétaire des GBUAF Européen, Alastair Kennedy, avait eu la joie de trouver en Isaac Zokoué un successeur sage et compétent. Sous la présidence de feu Jérémie Gnaléga, le conseil des GBUAF dont j'avais l'honneur de faire partie avait eu le privilège d'accueillir le nouveau Secrétaire qui s'avéra immédiatement à la hauteur de ses responsabilités. Les séances du conseil étaient méticuleusement préparées, leur atmosphère empreinte de sérieux mais jamais ennuyeuses. Isaac avait toujours les mots justes pour décrire une situation. L'homme en imposait par sa stature déjà, mais ses capacités de leader ne mirent pas longtemps à s'imposer.

Le leader et le collègue

Tous ceux qui ont approché Isaac ont été frappés par son calme. Il émanait de lui une grande sérénité. Cependant, c'est sans doute sa capacité d'écoute qui lui valait sa grande autorité. Il était réservé et ne dévoilait pas ses plans si ce n'était pas nécessaire. Il m'est arrivé de m'interroger sur sa manière de s'organiser pour garder le recul nécessaire à la réflexion et la méditation. Il savait se ménager un espace lorsque les circonstances auraient pu le bousculer. Je me souviens d'une conférence qui avait lieu à Abidjan. Je crois qu'il s'agissait de la Consultation de 1980. C'était l'effervescence des arrivées. Il me confia les derniers délégués arrivés et s'en alla seul dans sa voiture.

Durant les années 1970 et 1980, les relations entre missionnaires occidentaux et leaders africains pouvaient être tendues. Les premiers réservaient encore trop souvent leur admiration aux seuls responsables africains qui suivaient servilement leurs traces et les seconds, agacés par cette attitude paternaliste, pouvaient se montrer froids et distants. Isaac ne m'a jamais semblé tenté par ce jeu social. Il restait toujours égal à lui-même. S'il défendait une idée, ce n'était pas parce que c'était son idée, mais parce que, à ses yeux, c'était la plus pertinente. Si quelqu'un en avait une autre, il l'examinait et l'adoptait si elle répondait mieux que la sienne aux questions en jeu.

Il était très agréable de travailler avec lui. La revue *Ichthus* nous avait demandé une contribution sur les problèmes que la corruption posait à la mission. On nous demandait, en quelque sorte, un regard en noir et blanc. Nous avons commencé par un échange d'idées et l'élaboration d'un plan. Isaac m'a chargé de rédiger une première mouture de l'article à partir de ce travail préliminaire. Nous voulions faire place aux textes bibliques relatifs à cette dérive, mais aussi donner des exemples concrets. Ces derniers ne manquaient pas. Je me suis mis au travail et j'ai soumis mon texte à Isaac qui a fait quelques remarques faciles à intégrer. L'article pouvait alors être envoyé à la rédaction d'*Ichthus*. En le relisant, je me découvre incapable de dire ce qui est venu d'Isaac et ce qui m'était propre ! Je ne garde que le souvenir d'une heureuse collaboration[1].

L'homme des rassemblements

Depuis la création de la Conférence des Églises de toute l'Afrique (CETA) en 1963 et celle de l'Association des Évangéliques d'Afrique et de Madagascar (AEAM)[2] en 1966, le monde protestant se trouvait polarisé et s'élevaient des barrières entre la mouvance évangélique et la mouvance œcuménique. La posture séparatiste semblait devoir s'imposer chez les évangéliques tandis que la mouvance œcuménique admettait une pluralité de théologies dont certaines étaient libérales. Mais si cette bipolarisation reflétait les réactions de bien des responsables, en particulier missionnaires, elle masquait souvent des postures et des attitudes beaucoup plus diverses et nuancées. Ainsi, des leaders du Réveil de l'Afrique de l'Est comme l'évêque Festo Kivengere appartenaient à l'Église anglicane, membre du Conseil œcuménique des Églises (COE). C'est dans ce contexte que la conférence de PACLA, en français APARC, Assemblée Panafricaine des Responsables Chrétiens, a été organisée en décembre 1976. Ce sont les leaders

---

1. Isaac Zokoué et Charles-Daniel Maire, « Mission et corruption », *Ichthus* n°138, septembre-octobre 1986, p 11-19. J'ai reproduit une partie de cet article dans mon dernier livre : *Que l'homme ne sépare pas ce que Dieu a uni*, Valence, Éditions LLB, 2018, p. 46-47.
2. Devenue Association des Évangéliques d'Afrique (AEA).

de la mouvance du Réveil qui en avaient eu l'initiative, mais des responsables de toutes les Églises protestantes avaient été invités comme participants, et de « grands ténors » œcuméniques comme John Mbiti figuraient parmi les principaux orateurs. Des éminences de l'AEAM crurent bon de désapprouver l'organisation de cet événement et ce fut l'occasion pour les leaders évangéliques africains, dont faisait partie Isaac Zokoué, de se démarquer de cette posture séparatiste d'inspiration nord-américaine. Cependant, tous les évangéliques américains n'étaient pas séparatistes. L'assemblée était sponsorisée par Billy Graham. Isaac faisait partie des organisateurs. Connaissant bien le terrain francophone, il avait pu faire inviter des personnes clés et suggérer des noms d'orateurs. Lui-même y apporta trois contributions[3], je puiserai dans l'une d'entre elle pour mon dernier point.

Isaac était conscient que si les grandes conférences étaient importantes et que PACLA avait fait des brèches dans des murs solidement bâtis, il fallait mettre sur pied des rassemblements plus modestes pour permettre aux leaders des Églises qui n'avaient pas l'occasion de se rencontrer et de partager leurs préoccupations, de réfléchir ensemble. C'est ainsi qu'il organisa deux consultations, la première à Abidjan en 1980[4], la seconde à Bangui en 1983. Depuis les coulisses de ces deux rencontres où j'enregistrais les exposés, j'ai pu observer Isaac à la fois président et coordonnateur du programme. Toujours le même calme ! Les Secrétaires qui devaient dactylographier les textes travaillaient d'arrache-pied jusque tard dans la soirée. Isaac savait les encourager et valoriser leur travail. Pendant les séances de travail, il prenait place parmi les délégués et écoutait beaucoup plus qu'il ne parlait.

L'homme de Dieu

Comment Isaac s'est-il formé, à quelle école a-t-il acquis cette maturité humaine et spirituelle qui a fait de lui un homme de Dieu ? Son rayonnement forçait le respect jusque parmi les dirigeants de son pays. Discret, il parlait peu de lui-même. Mais, ayant été sollicité pour donner son témoignage sur son

---

3. Isaac Zokoué, « Dieu à l'œuvre en Afrique francophone » (p. 55-58) ; « Comment atteindre les étudiants ? » (p. 447-451) ; « Le Saint-Esprit dans le Renouveau » (p. 479-480), dans Michael Cassidy et Luc Verlinden, sous dir., *Face aux nouveaux défis, Les messages de l'APARC, 9-19 décembre 1976, Nairobi*, Romanel-sur-Lausanne, Tema, 1980.

4. Un reportage vidéo est accessible sur ma chaîne YouTube, pour y accéder, allez sur YouTube et taper chdmaire.

expérience avec le Saint-Esprit à la conférence de PACLA, Isaac ne s'est pas dérobé. Je ne peux que citer ses propres paroles :

> On m'a demandé de donner mon témoignage au sujet de mon expérience du Saint-Esprit. En ce qui me concerne, je dirai que cette expérience n'est pas unique, mais multiple. Si je suis chrétien, c'est bien grâce au Saint-Esprit. Je parlerai donc de mes diverses expériences du Saint-Esprit.

Le Saint-Esprit et les convictions d'Isaac Zokoué

Cette introduction constitue déjà un trait de l'identité d'Isaac. Il avait de fortes convictions, mais se méfiait des discours retentissants et tenait aux nuances et aux particularités.

> Ma première expérience remonte à l'âge de six ans, lorsque j'ai été convaincu de péché. J'ai connu que j'étais perdu. Je voudrais encourager les parents, ici présents, à ne pas négliger leurs enfants, ni le culte de famille. Cette expérience est celle qui est mentionnée dans Jean 16.8 : « Quand l'Esprit sera venu, il convaincra le monde en ce qui concerne le péché, la justice et le jugement. » Pour moi, j'ai été convaincu à ce moment du jugement de Dieu sur le péché, j'ai compris que j'étais perdu. J'ai dit alors à un serviteur de Dieu que je voulais échapper à ce jugement. Nous avons prié ensemble, à genoux, et ce fut là ma première expérience[5].

Dieu s'y est pris tôt pour former son serviteur ! Une telle conviction est déjà rare parmi les adultes, beaucoup se convertissent parce qu'ils éprouvent le besoin de réussir leur vie grâce au Seigneur, mais la question du péché et de la perdition ne se pose pas immédiatement.

> Quelques années plus tard, j'ai compris que malgré cette première étape où j'avais confessé ma foi au Christ, il me manquait quelque chose. Je me donnais le nom de chrétien, mais le péché ne m'apparaissait pas aussi sérieux qu'il l'était en réalité. Il fallait que je sois convaincu de péché à un niveau plus profond, et je crois que plusieurs serviteurs de Dieu doivent passer par ce chemin. Il nous faut un cœur brisé, une profonde conviction de péché. C'est ce qui m'est arrivé, et j'ai demandé à Dieu son pardon. Telle fut ma

---

5.   Zokoué, « Le Saint-Esprit dans le Renouveau », p. 479.

seconde expérience de conviction par le Saint-Esprit. Je crois que ma véritable vie chrétienne a débuté à ce moment-là. Il est certain que tout réveil dans l'Église commence par cette conviction de péché, et c'est pourquoi nous demandons au Seigneur d'envoyer son Esprit pour convaincre nos églises[6].

La conscience de sa perdition a donc été le trait dominant de sa première expérience, cette seconde expérience met en lumière la gravité du péché qui sépare de Dieu. C'est de cette prise de conscience qu'Isaac date le début de sa « véritable vie chrétienne ». Ce témoignage souligne aussi la souffrance qu'il éprouvait face à la superficialité spirituelle de tant de chrétiens et explique son adhésion au message du réveil de l'Église.

Le Saint-Esprit et sa vocation

Après cela, le Seigneur, le Saint-Esprit m'a constamment arrêté dans ce que j'entreprenais. Il faut que je vous explique la façon dont le Saint-Esprit m'a dirigé. Je voulais aller dans une direction, mais le Seigneur me voulait ailleurs. Vous lisez dans Actes 16.7-8 : « Arrivés près de la Mysie, ils se disposaient à entrer en Bithynie ; mais l'Esprit de Jésus ne le leur permit pas. Ils franchirent alors la Mysie et descendirent à Troas. » C'est ce qui s'est passé dans ma vie. Je désirais devenir médecin, mais le Seigneur me chargea d'un fardeau pour son peuple et ainsi je décidai de le servir. Cette vocation n'était pas très claire, mais il me semblait que Dieu renouvelait son appel avec insistance. Je pris l'habitude de me rendre dans un endroit isolé et de prier pour trouver la volonté de Dieu. Enfin, un soir, j'ai dit au Seigneur : « Me voici, je me donne entièrement à toi ! » C'était un pas difficile à faire et il m'en a coûté, mais j'ai pu prononcer cette parole du fond de mon cœur.

Je crois que mes camarades africains comprendront ce que cela signifiait dans ma vie. Cela voulait dire que j'aurais à renoncer éventuellement à un certain avancement sur le plan social. C'est peut-être ce que certains appellent un suicide intellectuel. Mais j'ai dit au Seigneur : « À partir d'aujourd'hui, je me donne entièrement à toi. Je désire faire ce que tu voudras que je fasse. » Alors que j'étais

---

6. *Ibid.*

à genoux et que je prononçais ces paroles et lui donnais ma vie, le Seigneur m'a répondu d'une façon très claire et m'a donné la confirmation qu'il m'appelait et me voulait à son service[7].

Rendre compte de sa vocation n'était pas facile. Dire ses hésitations et avouer ce que ce pas lui a coûté exigeait beaucoup d'humilité. Isaac nous livre là le motif profond qui le faisait vivre et lui donnait cette paix que seuls éprouvent ceux qui ont tout remis au Seigneur.

Le Saint-Esprit et sa direction

J'ai suivi alors des études de théologie… Lorsqu'on m'a proposé d'entreprendre un travail parmi les étudiants, j'ai répondu : Non ! Je voulais travailler dans mon pays et non pas en dehors de ses frontières. Mais voilà que je recevais un appel pour m'engager hors de mon pays ! Pendant six mois j'ai lutté, et finalement je me suis soumis. Maintenant je crois que je comprends un peu ce que cela signifie pour un missionnaire d'être envoyé outre-mer […].

Après avoir répondu à cet appel, j'ai connu des circonstances où j'ai cru que ma dernière heure était arrivée. J'avais peur, il me semblait que j'allais mourir. Mais je me suis souvenu alors que le Seigneur voulait que je le serve, et donc que je ne mourrai point. J'ai fait monter vers Dieu en quelque sorte ma dernière prière, mais j'ai reçu à ce moment-là la conviction que Dieu m'avait appelé à son service. Chaque fois que j'ai voulu suivre mon propre chemin, il m'a constamment arrêté pour m'entraîner dans sa direction à lui. Voilà comment l'Esprit m'a conduit à vouloir marcher avec lui […][8].

Un héritage spirituel à transmettre

Ayant quitté l'Afrique en 1989, j'ai perdu le contact direct avec Isaac Zokoué. J'ai appris qu'il était devenu doyen de la Faculté de Théologie Évangélique de Bangui (FATEB). La dernière fois que je l'ai vu et me suis entretenu avec lui, c'était à Montpellier où il préparait son doctorat. C'est dire que je ne suis pas témoin de sa carrière de théologien. Ainsi va la vie, nous rapprochant de frères devenus des

---

7.   *Ibid.*, p. 479-480.
8.   *Ibid.*, p. 480.

collègues pendant un temps puis nous en éloignant. Mais le souvenir de notre collaboration reste vif. Alors que je vais franchir le cap des 80 ans dont Moïse déclare qu'il est l'apanage des plus robustes (Ps 90.10), je prends conscience du privilège que j'ai eu de travailler avec Isaac Zokoué. La proximité de nos œuvres et de nos objectifs et le fait d'avoir travaillé sur les mêmes chantiers m'a fortement marqué. Presque tous les leaders de sa génération, qui est aussi la mienne, ont été repris sans avoir atteint le cap des 80 ans ! Avec le souffle qui me reste, je voudrais leur rendre hommage et exhorter la jeune génération à suivre leurs traces. Le message de la consultation d'Abidjan en particulier : « Levons-nous et bâtissons » n'a pas pris une ride[9]. C'est une sorte d'héritage spirituel que je voudrais contribuer à transmettre aux enfants et aux petits-enfants d'Isaac Zokoué, mais aussi de René Daïdanso, de Kassoum Keïta, d'Etienne Diatha, de Makanzu Mavumilusa et des autres leaders que j'ai connus et appréciés et qui ont maintenant rejoint la patrie céleste.

Charles-Daniel Maire

Ancien coordonnateur de la Ligue pour la Lecture de la Bible

en Afrique francophone et les îles

Références

Zokoué, Isaac, « Dieu à l'œuvre en Afrique francophone » (p. 55-58) ;
    « Comment atteindre les étudiants ? » (p. 447-451) ; « Le Saint-Esprit dans
    le Renouveau » (p. 479-480), dans Michael Cassidy et Luc Verlinden,
    sous dir., *Face aux nouveaux défis, Les messages de l'APARC, 9-19 décembre
    1976, Nairobi*, Romanel-sur-Lausanne, Tema, 1980.
Zokoué, Isaac, et Charles-Daniel Maire, « Mission et corruption », *Ichthus*
    n°138, septembre-octobre 1986.

---

9.   Voir le reportage sur YouTube.

La dette du disciple

J'étais désigné par les responsables du Groupe Biblique Universitaire (GBU) naissant pour accueillir à l'aéroport d'Antananarivo le jeune Isaac Zokoué qui venait de Bangui pour participer au premier congrès de l'Union des Groupes Bibliques de Madagascar (UGBM) tenu à Antsirabe en décembre 1974. Cette première visite marquait un point de départ très significatif.

De la première visite

À la sortie des passagers, j'ai aperçu un jeune de teint noir, grand de taille tournant les yeux tout autour comme s'il me cherchait. Après quelques secondes, nos yeux se sont croisés, et tout de suite un large sourire de sa part et un grand étonnement de ma part : il dépassait la taille de tous les passagers ! Et nous sommes entrés dans la voiture d'un ami, une vieille Volkswagen.

Isaac Zokoué était l'un des orateurs au congrès qui avait comme thème « Prêcher l'Évangile à toute créature » (Mc 16.15, Bible Martin 1744). Il était émerveillé par la chaleur fraternelle qui animait les 120 congressistes et qui s'exprimait par le grand sourire malgache, les beaux chants interprétés à quatre voix. Et lui chantait la 3e voix ! C'est beau, c'est grand, c'est enthousiasmant ! Mais il mettait en garde les participants, je me le rappelle bien : « Faites attention, disait-il, la qualité et non la quantité. »

En juillet 1975, je représentais, avec Daniel Rakoto, les GBU malgaches au congrès triennal des Groupes Bibliques Universitaires d'Afrique Francophone (GBUAF) à Yaoundé. Isaac était aux côtés d'Alastair Kennedy, le Secrétaire régional partant. Abel Ndjerareou, Claude Decrével et Maurice Ray étaient là. À l'une des réunions de quelques responsables, je donnais mon témoignage : « J'accepterais de servir la nation comme militaire à l'appel du gouvernement, pourquoi n'accepterai-je pas de servir Dieu à l'appel de Jésus Christ ? » Le service militaire ou civique était alors obligatoire dans la Grande île, à quelques exceptions près. J'étais décidé à quitter mon travail comme ingénieur électromécanicien pour servir Dieu dans le GBU, car en 1975, je travaillais dans la société nationale d'eaux et d'électricité. Et Isaac d'intervenir : « Solomon, tu le diras publiquement », c'est-à-dire dans une réunion plus grande, comme dans une séance plénière pendant le congrès. En fait, je ne l'ai pas fait, peut-être n'y avait-il pas de séance appropriée pour le dire au congrès. Mais je gardais dans mon cœur ce mot d'Isaac.

Par ces phrases sorties de sa bouche, mon grand frère Isaac m'encourageait au ministère parmi les étudiants. Nous empruntions alors le même chemin : tous les deux Secrétaires des GBU, lui pour l'Afrique Francophone et moi pour Madagascar. La deuxième visite en a été le point culminant.

De la deuxième visite

En 1977, Isaac était de nouveau à Antananarivo pour une semaine. Il visitait les groupes bibliques et les cellules de prière, il donnait des enseignements, prêchait et avait des entretiens en privé avec des responsables. J'appréciais sa voix chaude et son français agréable à entendre, car précis et simple. Je me rappelle encore sa prédication sur un verset d'Ecclésiaste : « Jette ton pain à la surface des eaux, car avec le temps tu le retrouveras » (11.1). Il nous exhortait à servir d'une manière désintéressée et à compter sur Dieu pour la suite. Je garderais alors quelques phrases simples de lui. Je me rappelle que pendant un enseignement qu'il donnait aux responsables dans la maison du GBU à Antananarivo, un autre groupe se réunissait dans une autre salle, faisant beaucoup de bruits. Il m'exprimait avec douceur son désaccord, et même son agacement : « Comment un autre groupe pouvait-il se réunir à côté ? », me demandait-il. J'étais gêné par ce groupe qui ne se sentait pas à l'aise dans le GBU et qui se réunissait pourtant dans une salle du GBU ! Ce groupe a fini plus tard par partir pour fonder un mouvement parallèle !

Un autre incident tout aussi fâcheux : lors d'une grande réunion des étudiants où Isaac était orateur, toujours à Antananarivo, un jeune très excité interrompait le grand frère et disait : « Savez-vous pourquoi vous n'êtes pas encore chrétiens ? » Il posait la question à tous les étudiants du GBU présents à cette réunion ! C'était un croyant très radical qui ne pouvait pas croire que nous étions croyants comme lui. Il voulait que nous fassions la même expérience sensationnelle que lui.

Sur le même chemin

Lors de cette visite à Antananarivo, Isaac me demandait de l'accompagner dans ses voyages à l'île Maurice et à l'île de la Réunion, dans le but de m'initier au ministère itinérant parmi les étudiants. Sur le même vol entre Toamasina et La Plaisance, Maurice, il dit : « Solomon, je vais poursuivre mes études [de doctorat à Montpellier], je souhaite que tu viennes à Abidjan pour prendre la relève comme Secrétaire [régional] des GBUAF. » Et je lui répondais : « Pas question, Isaac. » Je pensais que j'avais raison, car je venais à peine d'être nommé Secrétaire des

GBU malgaches. Il me regardait alors tout droit dans les yeux : « Il n'y a pas que toi, Solomon ! » Il était agacé par mon refus.

Un an plus tard, je partais pour la France comme étudiant inscrit à la Faculté de Théologie Évangélique de Vaux-sur-Seine. Je sentais pendant mes études le soutien moral et spirituel d'Isaac qui m'écrivait régulièrement. En 1980, je devais le rejoindre à Abidjan car il était décidé à partir pour Montpellier… Nous nous rencontrions en juillet 1980 à la maison des GBUAF à Cocody, Abidjan, pour une demi-journée de « passation de service ». Il me donnait deux conseils et seulement deux : 1) Si tu reçois une lettre qui te fâche, ne réponds pas tout de suite ; 2) Quand tu reçois un don [de l'argent], informe tes collègues. Je suis resté 15 ans aux GBUAF, et je suivais religieusement ces deux conseils, car pendant mon ministère à Abidjan, j'ai reçu au moins une lettre outrageuse qui en fait venait d'un cher ami. Je n'ai jamais répondu à cette lettre. Concernant les dons en espèce, j'optais pour la transparence, jusqu'aux plus petits détails.

Pendant une vingtaine d'années, nous empruntions le même chemin dans le GBU, lui devant et moi derrière. En 1995, lorsque je quittais officiellement ce mouvement d'étudiants chrétiens, il était dans le comité de recrutement d'un administrateur pour l'Initiative Théologique Africaine (ITA), une organisation chrétienne qui soutenait les dirigeants africains dans leurs études au cycle de doctorat. Je devins alors administrateur de cette nouvelle organisation. J'étais soutenu spirituellement, moralement et techniquement par lui et aussi par un autre grand frère, Tite Tiénou qui était alors le directeur de l'ITA. Après le chemin du GBU, c'est le chemin des institutions théologiques, le lieu où les futurs serviteurs de Dieu sont forgés intellectuellement pour servir spirituellement.

C'est en mars 2013 qu'il m'invitait à l'accompagner pour rendre visite à René Daïdanso à N'Djamena, qui était éprouvé dans sa santé. Mais je n'ai pas pu répondre positivement à cette invitation, ce que j'ai, par la suite, amèrement regretté. Il était parti seul « saluer » le grand frère René. À son tour, lui aussi est tombé malade. En 2014, il a dû séjourner à Abidjan pour des soins médicaux, accompagné de sa femme. Il savait qu'il pouvait partir pour l'Éternité d'un moment à l'autre. Une fois, je suis allé lui rendre visite à la résidence où il était. Je le voyais physiquement faible mais spirituellement solide. Il avait la joie de discuter de tout et de rien avec nous. Je me rappelle encore quelques paroles de lui et de moi. Nous parlions entre autres du GBU. Je lui demandais pourquoi il m'avait invité à lui succéder aux GBUAF, il répondait alors : « J'ai vu en toi un potentiel. » Une autre fois, je lui disais : « Nous bouclons le cycle des GBUAF de A à Z, d'Andria à Zokoué, et pourtant il y a une différence entre nous, c'est une différence de tailles. » Il éclatait de rire. Quand je l'accompagnais au véhicule qui devait le conduire à l'aéroport d'Abidjan, pour rentrer à Bangui, je savais que je ne le reverrais plus ! C'était en juin 2014. Au total nous avons cheminé ensemble pendant 40 ans.

Des petites phrases qui parlent

Du maître au disciple, je retiens quelques phrases d'Isaac :

Il n'y a pas que toi, Solomon. (1977)

Je te donne deux conseils : si tu reçois une lettre qui te fâche, ne réponds pas tout de suite ; quand tu reçois un don, informe les autres collègues. (1980)

J'ai vu en toi un potentiel. (2014)

Je fais maintenant une lecture sérieuse de ces petites phrases qui continuent à me parler. Isaac ne m'a pas donné de formation systématique. Il n'avait pas l'intention de m'enseigner sur les qualités des responsables. Pendant 40 ans, il était d'abord devant moi pour donner l'exemple, ensuite à mes côtés pour me soutenir et me conseiller et enfin derrière moi pour m'encourager, dans les coulisses. Il m'encourageait par de petites phrases prononcées au moment opportun et tout à fait pertinentes. Et il est parti…

Une dette ? Oui, j'ai quitté l'enseignement en décembre 2015 et je ne cesse d'entendre résonner la question : as-tu préparé la relève ? Devant le Seigneur, je me pose intérieurement la question : ai-je formé un disciple ? Qu'est-ce que j'ai laissé derrière moi dans le GBU ou à la FATEAC ? Je dois confesser que je ne peux pas répondre clairement à ces questions. Peut-être ai-je prononcé de petites phrases ou donné des conseils à des frères, mais je ne me les rappelle pas. Certes, j'ai repéré des dirigeants en puissance pendant mon ministère, je les ai aidés à se former mais c'est à eux de dire ce qu'ils ont reçu de moi. J'ai tout de même le fort sentiment de n'avoir pas suffisamment préparé la génération future à la relève ! Ce que j'ai reçu d'Isaac Zokoué, je dois le confier à des hommes et femmes fidèles qui à leur tour le retransmettront aux autres, jusqu'à ce que le Seigneur revienne.

Solomon Andriatsimialomananarivo

Ancien secrétaire régional des GBUAF

Ancien enseignant-chercheur,

Faculté de Théologie Évangélique de l'Alliance Chrétienne, Abidjan

Il était l'un des nôtres

Ce chapitre est une table ronde virtuelle autour de laquelle on y a fait prendre place trois interlocuteurs qui ont côtoyé Isaac Zokoué. « Il était l'un des nôtres », disent-ils affectueusement. Adama fait une confidence selon laquelle ils étaient « deux amis, deux serviteurs », Tiénou le considère comme « un théologien, un collègue » et Ndjerareou dit de lui qu'il était « un aîné, un coach ».

Deux amis, deux serviteurs

1. Dr Ouédraogo, comment avez-vous connu le Dr Isaac Zokoué ?

Dans le cadre du comité Logos. C'est un groupe de responsables chrétiens créé à l'issue de la visite du bateau Logos en 1977. Isaac Zokoué était alors Secrétaire régional des GBUAF, un mouvement d'étudiants chrétiens actif dans une vingtaine de pays en Afrique francophone. Le bateau Logos appartenait à une organisation d'évangélisation appelée Opération Mobilisation, qui avait à cœur d'apporter l'Évangile dans le monde entier. Ce bateau avait à son bord une équipe de jeunes venus à Abidjan pour évangéliser aux côtés des responsables chrétiens en Côte d'Ivoire.

2. Pouvez-vous dire un mot sur ce comité ?

La création de ce comité fait date dans l'histoire du protestantisme évangélique en Côte d'Ivoire. Il était composé de responsables d'églises et de missionnaires appartenant à diverses églises et dénominations, autochtones et expatriés. Il exprimait le caractère universel de l'Église. Il encourageait l'évangélisation au-delà des dénominations. Il organisait des conférences ouvertes à tous. Je pense plus particulièrement à deux : « Connaître le protestant, mon frère » et « Connaître le musulman, mon prochain ». Bref, le comité Logos apprenait à ses membres à se découvrir les uns les autres et à connaître les musulmans pour leur apporter la bonne nouvelle. Isaac assurait officieusement la liaison entre les membres qui venaient de diverses dénominations et ethnies. Il pouvait bien le faire car il dirigeait un mouvement inter-ecclésiastique. Il avait un esprit ouvert quant à la collaboration et une attitude ferme quant à la conviction théologique.

3. Qu'est-ce que ce comité a apporté à l'Église universelle en Côte d'Ivoire ?

Dans les années 1970, on ne pouvait pas imaginer un quelconque rapprochement entre les Églises. Certes, il y avait la Fédération des Églises

Évangéliques en Côte d'Ivoire (FEECI) qui regroupait la plupart des églises protestantes, mais elle favorisait plus les rencontres entre pasteurs que des œuvres communes, dépassant les dénominations. Le comité Logos avait un champ d'action plus large et s'intéressait à l'évangélisation et à la formation. Isaac était un outil précieux dans ce milieu, il était une courroie de transmission et un éclaireur.

4. Et la consultation d'avril 1980 ?

Le passage du bateau Logos nous a permis de mieux nous connaître l'un l'autre, et de collaborer plus étroitement. Et pourtant, nous appartenons à deux dénominations différentes et donc à deux tendances théologiques différentes. La deuxième étape de notre collaboration en tant que responsables chrétiens fut marquée par la tenue d'une rencontre cette fois-ci panafricaine en avril 1980. Cette rencontre avait comme nom officiel « Consultation des responsables chrétiens d'Afrique francophone », regroupant ainsi des dirigeants connus des pays de la région francophone d'Afrique. Le thème était plus que révélateur : « Levons-nous et bâtissons ». J'y étais comme invité au même titre que les autres. Isaac faisait partie de l'équipe dirigeante et jouait le rôle de coordonnateur. Il avait alors 36 ans.

C'est à cette rencontre qu'est née la grande famille évangélique d'Afrique francophone s'étendant du Sénégal au Tchad, du Mali à Madagascar. Ce n'est pas une organisation avec des statuts ou règlement intérieur ! C'est une communion fraternelle, une plateforme d'échanges et d'édification mutuelle. Je note l'évolution de l'engagement chrétien d'Isaac, s'il était un homme de liaison au comité Logos sur le plan national en 1977, il est devenu coordonnateur à la consultation d'Abidjan sur le plan régional en 1980. Il devait alors préparer une autre consultation qui devait se tenir à Bangui en 1983.

5. Pour vous, Dr Ouédraogo, quelle image Dr Zokoué a laissée à la génération présente ?

Le Dr Zokoué était un formateur. Il formait par l'enseignement qu'il donnait mais surtout par son attachement à un style personnel : il parlait un français chaleureux, précis, dans une voix agréable à entendre. Il formait également par l'exemple qu'il donnait. Il incarnait un modèle de dirigeant. Il était aussi un artisan de l'unité du peuple de Dieu. L'unité spirituelle entre enfants de Dieu était une réalité puisque c'est l'œuvre du Saint-Esprit, mais Isaac avait le souci de la rendre visible en participant à diverses organisations qu'il considérait comme utiles et efficaces. Et enfin, il était un penseur discret. Il communiquait des idées nouvelles, fruit de sa réflexion personnelle, mais avec simplicité et discrétion.

A-t-il réussi ? Je crois que oui. Isaac a été l'un des frères très proches de moi spirituellement malgré les distances qui nous séparaient : distance géographique et culturelle mais aussi distance théologique.

Isaac et moi, nous œuvrions pour le Royaume, à travers les dénominations et à travers les nations.

Votre conclusion

Il est arrivé à Abidjan avec sa famille en 1975, et reparti pour des études au cycle de doctorat en 1980. En cinq ans il a marqué de son empreinte le christianisme évangélique en Côte d'Ivoire, il a tissé des relations spirituelles durables entre responsables chrétiens. Jusqu'à son départ pour la cité céleste en 2014, Isaac et moi-même étions amis et collaborateurs. Et pourtant, il était à Bangui, et moi à Abidjan, il était baptiste en RCA et moi des Assemblées de Dieu en Côte d'Ivoire.

Un théologien, un collègue

1. Professeur Tite Tiénou, vous êtes éducateur théologien depuis votre jeune âge, depuis les années 1970. Vous avez la passion de communiquer le savoir, de transmettre la sagesse divine, et d'enseigner les grandes vérités de la Bible. Ce n'est pas par hasard que vous avez œuvré ensemble avec le Dr Isaac Zokoué qui est parti pour l'éternité en septembre 2014. Quand et dans quelles circonstances vous êtes-vous rencontrés ?

Isaac et moi-même, nous nous sommes rencontrés pour la première fois à Bobo Dioulasso, au Burkina Faso, alors appelé La Haute Volta, au début des années 1970, dans un camp d'étudiants sous la direction d'Alastair Kennedy. Alastair, missionnaire écossais, travaillait alors pour les Groupes Bibliques Universitaires. On pouvait déjà entrevoir la vision de Dieu pour Isaac : conduire les étudiants à Christ et les former, car l'avenir de nos pays reposaient sur eux.

2. Œuvrant ensemble pendant près de 50 ans, vous et Isaac aviez des affinités mais aussi sans doute des différences !

Nous avons en commun la passion pour un travail théologique de qualité. Le terme « qualité » fait penser au but et aux résultats. Tous les deux, nous avons compris que la théologie n'est pas une science comme tant d'autres, d'ailleurs, dans certaines institutions on parle de sciences religieuses, la théologie est un outil qui conduit à la maturité. Comme la prédication, la théologie transforme. D'ailleurs, toute prédication repose sur une théologie. Bref, on doit voir le fruit de la théologie dans la vie quotidienne des croyants. Isaac faisait le travail théologique avec dignité.

Les différences ? Il y en a ! Nous sommes différents de caractère, tant mieux d'ailleurs, mais aussi sur le plan théologique, plus précisément ecclésiologique. Moi, je suis d'un arrière-plan presbytéro-synodal, et Isaac, quant à lui, est baptiste avec un arrière-plan congrégationaliste. Le régime presbytéro-synodal encourage le collège des anciens (presbytère) à œuvrer ensemble avec d'autres collèges (synode, sur le même chemin). Tandis que le régime congrégationaliste insiste sur l'indépendance de l'église locale. Cette différence apparaît sur notre collaboration et nous a enrichi : l'un apprenait de l'autre.

Cette différence apparaissait également sur le plan international. Moi, je me suis frotté avec les chrétiens d'outre-Atlantique depuis mon jeune âge, tout en gardant mon indépendance culturelle. Isaac, bien qu'ayant été membre du comité de continuation de Lausanne 1974 et ensuite Secrétaire exécutif de la commission théologique de l'AEA, gardait une distance notable vis-à-vis des responsables d'origines non africaines.

3. Quel est son point théologique principal ? Pour quelles idées théologiques est-il connu ?

Comme déjà dit, pour Isaac, la théologie doit conduire à la maturité, à une connaissance toujours meilleure de Dieu pour une vie quotidienne qui le glorifie. Isaac s'est penché sur la christologie, la doctrine de Jésus-Christ et a formulé un discours théologique sur Jésus intelligible en Afrique. Certes, il reconnaît la valeur du débat christologique au Concile de Chalcédoine en 451, débat sur les deux natures de Jésus. Mais il fait comprendre que la formulation de la doctrine sur les deux natures de Christ faite à ce concile est bien occidentale. Pour une meilleure appropriation de l'enseignement sur la personne et l'œuvre de Christ, il faudra en Afrique un discours approprié, ancré dans la culture.

4. Nous avons une grande famille de responsables chrétiens en Afrique francophone, depuis la consultation des responsables que vous avez organisée à Abidjan en avril 1980. Pouvons-nous dire que vous êtes avec d'autres leaders les fondateurs de cette grande famille ?

Non, c'est Dieu. Cette famille est composée de croyants évangéliques venant de diverses dénominations et de diverses ethnies et nations.

5. Pensez-vous à un événement le concernant ?

Au colloque interdisciplinaire de la FATEAC en 2013, Isaac se savait malade. Mais son visage rayonnait de joie. Il a géré sa souffrance physique par l'espérance. Et cette espérance est fondée en Jésus-Christ.

C'était une grâce pour nous deux de cheminer ensemble pendant près de 50 ans : d'abord comme étudiants nous formant pour l'encadrement des étudiants et pasteurs, comme théologiens appartenant à des cercles de réflexion théologique en Afrique et ailleurs, et enfin comme doyens d'institutions théologiques. Il y avait des affinités qui nous rapprochaient et aussi des différences qui nous enrichissaient.

Un aîné, un coach

1. Professeur Ndjerareou, comment et depuis quand avez-vous connu Isaac Zokoué ?

J'ai rencontré Isaac Zokoué pour la première fois en octobre 1971 à la Faculté de Théologie Évangélique de Vaux-sur-Seine en France. Je venais d'arriver le 12 octobre pour y poursuivre mes études à la suite de René Daïdanso et d'Isaac Zokoué avec qui je venais de faire connaissance. En effet, c'est René qui m'a recommandé à la garde d'Isaac qui se trouvait à sa dernière année. Nous avons donc passé une année ensemble. Il était très occupé à préparer les examens généraux et à finaliser son mémoire de maîtrise. Mais il m'a donné une grande attention, étant en quelque sorte l'œil de Daïdanso qui me voyait depuis le Tchad. Il m'a entouré de ses sages conseils pour les études et pour la vie en France. Il a été pour moi ce frère qu'un dicton dans ma langue exprime en ces termes : « Quand tu as un frère dans un pays étranger tu n'achèteras pas un chien enragé », c'est-à-dire que ce frère te produira de bons conseils pour savoir vivre à l'étranger et éviter des erreurs.

2. Nous savons que vous étiez ensemble dans le ministère pastoral et d'enseignement pendant près de 43 ans, qu'est-ce qui vous a liés ainsi ?

Je pense que c'est la double responsabilité à l'égard de l'un et de l'autre comme la Parole de Dieu nous recommande qui a maintenu ces liens : « Aimez-vous les uns les autres » (Jn 13.34).

De mon côté, avec la bonne culture du respect des aînés d'antan tout court, et particulièrement le respect des aînés chrétiens qui n'ont pas honte de témoigner de leur foi dans les lycées et collèges d'une part, et qui ont excellé dans les études d'autre part. Je n'ai pas fait de grands efforts pour admirer et m'approprier les exemples de ces aînés. Ma responsabilité à son égard est de lui procurer cette joie comme l'exprime l'ancien Gaïus dans 3 Jean 4 : « Je n'ai pas de plus grande joie que d'entendre dire de mes enfants qu'ils marchent dans la vérité ». Ma joie a toujours été de me mettre à sa disposition pour les enseignements, les participations aux rencontres internationales, les projets de recherches, etc. Être simplement à ses côtés. J'ai senti ce désir de proximité ou si j'ose le dire, de « camaraderie », quand je lui ai succédé au décanat de la FATEB en 2000, et quand je partais de là sept années plus tard en 2007. Il voyait dans cette succession la stratégie de la relève qui caractérisait sa vision de ministère. Je suis la deuxième personne à lui succéder au décanat de la FATEB après le Dr Solomon Andria au secrétariat régional des Groupes Bibliques Universitaires d'Afrique Francophone (GBUAF). Il exprimait un soulagement, une satisfaction et une joie de voir l'œuvre faire son chemin pour relever les nouveaux défis dans le mouvement estudiantin et dans l'éducation théologique.

De son côté, j'ai admiré son sens de responsabilité à mon égard pour le progrès académique de nos institutions de formation biblique et théologique dans l'espace francophone en Afrique. J'ai admiré son sens de « protection » pour un témoignage chrétien conséquent dans ma vie et une excellence dans la réflexion théologique. J'avais enseigné comme professeur visiteur à ses côtés pendant dix ans avant de lui succéder. Nous passions des heures dans les discussions théologiques, le partage des idées pour des stratégies en vue de développer l'enseignement théologique, la revue dans notre imaginaire des « jeunes émergeants » pour la relève dans l'espace francophone ; mais aussi à jouer au volley-ball avec les étudiants ou à faire quelques visites à certains pasteurs et collègues.

Je m'efforçais, par une attention particulière, à pénétrer la profondeur de ses pensées, les précisions dans l'articulation de ses idées bien ancrées dans une grande humilité. Calme de nature, l'humilité comme caractère spirituel est la manifestation de ce que la « vie en Christ » peut être conformément à l'expérience de Paul qui dit : « Je suis crucifié avec Christ, et ce n'est plus moi qui vis, c'est Christ, qui vit en moi » (Ga 2.20). J'ai observé et partagé les expériences académiques, ecclésiastiques, politiques et sociales pendant ces 43 années.

L'humilité a été le socle de ses activités depuis le jour où je l'ai connu jusqu'à son départ à la félicité céleste. L'orgueil frappe souvent à la porte du cœur humain quand on a obtenu deux doctorats en théologie, et qu'on a dirigé les GBUAF comme premier Secrétaire régional africain, assumé la responsabilité de doyen de la Faculté de Théologie Évangélique de Bangui et de président de la Commission Théologique de l'Association des Évangéliques d'Afrique ; quand on est nommé médiateur du dialogue national de RCA, président du comité des sages de Centrafrique, etc. Isaac n'a jamais ouvert la porte à « monsieur Orgueil ». De plus, ce qu'Isaac chérissait au-dessus de toutes ces activités, c'est être le berger du peuple. Être pasteur. Il aimait être appelé simplement « pasteur Isaac Zokoué ». Eh oui, après toutes ces activités, c'est pendant qu'il assumait sa dernière responsabilité de pasteur de l'église locale de Kina qu'il a été promu à la gloire céleste. Un retour au point de départ du pastorat avant d'achever sa course sur la terre.

Je dois conclure simplement que, la franchise, le sens de responsabilité, l'expression d'amour à l'égard de l'un et l'autre, le partage d'une vision commune de ministère surtout dans le domaine théologique, et aussi le souci de mobiliser les éducateurs théologiques dans l'espace francophone, etc. sont autant de valeurs qui ont renforcé nos liens de ministère.

3. Vous étiez l'un des collaborateurs les plus proches d'Isaac, comment le présentez-vous ? (Éducateur théologien, pasteur, auteur, homme d'église –interlocuteur de l'État ?) Pouvez-vous en dire plus avec exemples et illustrations à l'appui ?

Je viens de le présenter comme assumant toutes les responsabilités que vous avez évoquées. S'il faut les résumer, les responsabilités de pasteur ou d'homme d'église, d'éducateur et d'interlocuteur de différents groupes religieux et sociopolitiques le décrivent au mieux et dans cet ordre. Et pour articuler et dynamiser ces responsabilités, le professeur Zokoué initie des stratégies pour atteindre ces buts.

Le pastorat est au cœur de toutes ses activités. Je disais qu'il a fini sa course sur la terre en reprenant sa charge de pasteur à l'église locale de Kina déchirée par les divisions internes. Comme homme d'église, il mobilisait ses collègues pasteurs aussi bien dans son pays que dans l'espace francophone à « bâtir une église » bibliquement solide, missionnaire, et socialement engagée avec les principes bibliques pour la transformation de la société. L'une de ses grandes initiatives est le lancement en 1980 de la première consultation des évangéliques francophones à Chappoulie, en Côte d'Ivoire sous le « cri de mobilisation » à l'exemple de Néhémie : « Levons-nous, et bâtissons ! » (Né 2.18, LSG). Le professeur Tite Tiénou, résume au mieux l'importance de cette première mobilisation dans son discours d'ouverture comme suit :

> Pour la première fois, une consultation est réservée aux dirigeants d'Églises d'Afrique francophone [...]. Pour nous, l'heure de la solidarité agissante a sonné [...]. Cette Consultation devrait marquer une différence. Rentrés chez nous, nous commencerons à bâtir des ponts pour que la solidarité agissante devienne réelle [...]. Nous avons une contribution à apporter au corps international de Jésus-Christ [...]. Le Seigneur bâtit son Église, mais il ne faudrait pas que nous soyons nous-mêmes des obstacles à l'œuvre de Dieu. Soyons plus ouvriers que spectateurs !

Dans le même élan, avec l'appui de ses collègues, Isaac a bravé l'incompréhension du groupe anglophone de l'Association des Évangéliques d'Afrique (AEA), qui l'accusait de diviser l'association en séparant les francophones, pour organiser une deuxième consultation en 1983 à Bangui en République centrafricaine, en mettant un accent particulier sur « l'Église locale en Mission ». Pendant cette deuxième consultation, j'ai eu le privilège d'être associé par les aînés aux enseignements. Les participants nous identifiaient à travers les thèmes de nos exposés par les mots clés : le talent d'Abel (Parabole des talents) ; le bâton de Bétalé (Dieu demandait à Moïse : qu'as-tu dans ta main ? Un bâton) ; la mission de Daïdanso (l'Église en mission : allez par tout le monde) ; et le partage d'Isaac (Pas d'unité sans partage).

Comme éducateur, mis à part la dynamisation des programmes de formation au sein de la FATEB, fidèle à l'un de ses principes qui est « pas d'unité sans partage », le professeur Zokoué a initié deux structures pour renforcer l'unité des francophones. C'est la création du Conseil des Institutions Théologiques d'Afrique Francophone (CITAF) et la Haute Autorité Académique. Le CITAF est une structure académique d'harmonisation des programmes des institutions théologiques, de solidarité, dans les renforcements des capacités des enseignants. Le professeur Zokoué a travaillé sur les différents programmes des institutions et les a testés sur le terrain pendant une dizaine d'années pour parvenir à la confection d'un Programme Minimum Commun (PMC). J'ai eu le privilège de lui succéder au moment de la formalisation du PMC en un organe administratif appelé le CITAF et en fut le premier coordonnateur. Comme mon prédécesseur Isaac, j'ai été mal compris et accusé de diviser la famille de l'AEA en créant un groupe francophone. La deuxième structure est la Haute Autorité Académique (HAA), l'équivalent du CAMES, pour réguler les diplômes théologiques. Isaac a activement travaillé à la mise en place de la structure, initiant un partenariat fructueux avec le CAMES, et signant les premiers grades avant sa mort. J'ai eu le privilège de remettre, le jour des obsèques du professeur Zokoué à Bangui, le dernier certificat de grade académique signé de sa main, à un jeune tchado-centrafricain, le Dr Tompté-Tom, l'un de ses meilleurs étudiants en théologie systématique.

La dernière initiative du professeur Zokoué est la Haute Autorité Académique. L'enfant chéri de sa vieillesse comme on peut le dire. Il tenait à mettre de l'ordre et le respect dans les titres académiques bien mérités qui honorent Dieu. Alors souffrant et hospitalisé à Abidjan, nous nous trouvions à son chevet, les professeur Tienou, Pohor, Kouassi, et moi. Il exprimait sa joie de nous revoir. Il donnait à moi et au professeur Kouassi des instructions fermes de préparer la rencontre du CITAF au Bénin où la Haute Autorité Académique allait être officiellement installée. Hélas, ses médecins lui ont déconseillé le voyage de Cotonou. Il s'en était allé de sitôt mais sans doute satisfait du progrès de l'éducation théologique dans l'espace francophone. Le professeur Tiénou lui a succédé comme directeur. Cela ne pouvait pas être autrement, car le professeur Tiénou est celui avec qui l'appel à la « solidarité agissante » a été lancé à la première Consultation francophone en 1980 à Chappoulie en Côte d'Ivoire. À Cotonou, j'ai eu le privilège d'être installé avec le professeur Tiénou comme membre de la Haute Autorité Académique du CITAF, à l'absence du professeur Zokoué. Je me souviens encore de son « chapeau académique » placé entre le professeur Tiénou et moi, pendant que le Dr Dissou prononçait la prière d'installation et de bénédiction devant un parterre de doyens, de directeurs académiques de nos institutions théologiques et de pasteurs. Un moment solennel. À l'absence du professeur Zokoué d'abord par éloignement géographique, étant encore souffrant à Bangui, ensuite par la « mort » qui nous l'a arraché.

Comme interlocuteur de l'État, Isaac a été sollicité à plusieurs reprises à diriger le dialogue national et les nombreuses négociations avec les syndicats dans les moments troublés par les irrégularités des salaires. Son calme, sa profonde pensée, sa capacité d'écoute, ses « épaules larges » pour recevoir des critiques parfois acerbes, mais surtout et enfin sa confiance en Dieu l'ont si bien disposé à assumer ces « missions » chaque fois que le gouvernement le sollicitait. Isaac qualifiait ses contributions dans le secteur public comme « un sacerdoce pastoral » ponctuel et précis et revenait à son pastorat qu'il chérissait. C'est pourquoi il n'a jamais occupé un poste dans le gouvernement ou dans les organisations internationales séculières. Il pratiquait déjà ce qui se formalise aujourd'hui comme programme académique appelé « la théologie publique ». Il était le président du comité des sages. Ce comité est bien respecté en Centrafrique mais ignoré ailleurs comme au Tchad. Une anecdote à ce sujet. Les professeurs Zokoué et Andria m'avaient rejoint au Tchad pour le lancement du *Commentaire Biblique Contemporain*. Au cours de leur déplacement dans N'Djamena ils ont été arrêtés par la police qui faisait des rafles de voitures qui étaient ensuite conduites systématiquement au camp de police, parfois ensemble avec les passagers. Le chauffeur qui les conduisait les présentait comme des officiels d'autres pays en visite au Tchad pour un événement spécial. Il plaidait pour que l'agent de police qui ne voulait rien comprendre lui permette de les déposer à la Faculté de Théologie et ramener la voiture pour contrôle. Désespéré, le professeur Zokoué sortait sa carte de président du « Conseil Centrafricain des Sages ». L'agent l'ignorait complètement et conduisait la voiture à la police, les abandonnant sans un moyen de transport.

Je garde le souvenir d'un dialogue national réussi dirigé par le professeur Zokoué juste avant la guerre civile qui va emporter le gouvernement du président Ange Félix Patassé. Pour soutenir les efforts d'un des nôtres, le professeur Zokoué, et par amour pour la paix dans notre pays d'accueil, j'ai formé une délégation de 13 nationalités différentes en présence à la Faculté de Théologie de Bangui, pour présenter nos vœux et prières de succès du dialogue pour la paix. L'audience demandée pour nous rendre à l'Assemblée nationale où se tenait le dialogue n'était pas appréciée par quelques citoyens. Certains nous traitaient d'étrangers et disaient que le problème centrafricain ne nous concernait pas. J'ai mobilisé les étudiants et le personnel de la FATEB dans l'esprit du prophète Jérémie qui encourageait les exilés Israélites à Babylone, de chercher le bien du pays dans lequel ils étaient esclaves, car leur paix en dépendait (*cf.* Jr 29.7). Arrivés à l'Assemblée Nationale, j'ai demandé à la délégation de se tourner vers les Centrafricains et que chaque personne prononce, dans sa propre langue, « paix à la Centrafrique !». Cette conférence du dialogue national s'est terminée quelques jours après, par une scène de réconciliation entre le professeur Abel Ngoumba, premier vice-président du premier président Barthélemy Boganda, et le président David Dacko qui a succédé au président Boganda, mort dans un mystérieux accident d'avion. Ces deux personnalités se sont enfin saluées ce jour, après 15 ans de distance l'un de l'autre. Cette réconciliation a été le point fort du « sacerdoce pastoral » du professeur Zokoué dans l'espace politique. L'exercice de ce sacerdoce ne s'est pas fait sans souffrances morales, car à des moments de partage à deux, il exprimait cette souffrance d'interlocuteur et de médiateur. Il me confiait à peu près ceci : « Malgré les accords de paix et le nombre de pigeons blancs lancés en l'air en signe de paix, les troubles continuent. Hélas ! Mais Dieu seul a la solution au problème Centrafricain. Il agira. » Je l'encourageais à persévérer en partageant avec lui les mêmes expériences malheureuses au Tchad et ailleurs. Dieu a le dernier mot. Ce n'est pas simplement un vœu pieux. C'est une conviction de foi. Isaac avait cette conviction.

4. Vous lui avez succédé à la FATEB comme doyen. Quels étaient les défis que vous deviez relever à la FATEB après son départ ? Pouvez-vous raconter une anecdote qui illustre ces défis ? Quelle différence ou nouveauté avez-vous apportée à la FATEB ?

Après mes études à Vaux-sur-Seine, sachant que je vais rentrer dans le ministère au Tchad (et en Afrique francophone) en 1976, d'une part aux côtés des pasteurs de la première génération qui n'ont pas fait de grandes études théologiques, et d'autre part aux côtés de Daïdanso et Zokoué qui m'ont précédés, je me suis approprié cette parole de Jésus à ses disciples : « Car en ceci, ce qu'on dit est vrai : L'un sème, l'autre moissonne. Je vous ai envoyés moissonner ce qui ne vous a coûté aucun travail ; d'autres ont travaillé, et c'est dans leur travail que vous êtes entrés » (Jn 4.37-38). En effet, en succédant à Isaac au décanat de la FATEB, j'étais rentré dans son travail dans l'esprit de continuité.

La relève au décanat était faite de manière stratégique. Isaac venait de passer sa 14e année comme doyen. Il s'est investi principalement à renforcer le programme académique avec plusieurs filières et départements. Il a initié les départements de la traduction biblique et du doctorat que j'avais structuré, dont j'avais signé les accords de partenariat avec quelques institutions de formation, et que j'avais lancé quelques années plus tard. J'avais ensuite ajouté le département de leadership et développement holistique en partenariat avec « Development Associates International ». Le plus grand département qui a justifié ma succession au décanat est le doctorat. Il fallait libérer Isaac pour qu'il se donne tout entier au renforcement du programme pour toute la sous-région francophone. L'appel était pressant. J'ai dû abandonner deux ans d'exercice de la présidence de ma dénomination au Tchad pour me déplacer à Bangui. La FATEB était parvenu à l'âge de l'ouverture dudit programme pour ses ressortissants. La joie d'Isaac était de voir deux lauréats de ce programme nantis du Doctorat PhD « Made FATEB » avant sa mort. Aussi, pour appui aux institutions théologiques et aux jeunes chercheurs en théologie africaine, avec mes encouragements, Isaac a initié, en dehors de la FATEB, le Centre d'Études et de Recherches en Théologie Africaine (CERTA) qu'il a aussi dirigé parallèlement.

S'il y a un certain défi à relever après son départ, mais toujours dans la continuité, je peux relever la réorganisation des structures administratives et financières. Le point fort d'Isaac est l'académie. Il dirigeait lui-même le conseil académique et veillait au suivi du programme et des enseignements. J'ai pu réorganiser l'administration en créant une structure de Leadership Team avec cinq directions (l'académie, le personnel, les finances, la communication et le campus). L'académie était entièrement sous la responsabilité du directeur académique. La nouveauté était l'africanisation des finances. Depuis la création de la FATEB, les finances étaient toujours tenues par les expatriés américains. Le dernier comptable américain a quitté un an après mon arrivée malgré ma demande qu'il m'assiste encore une année. Je me suis tourné vers les compétences financières de nos institutions sœurs. J'ai demandé l'assistance ponctuelle des comptables de l'École Baptiste de Lomé, un autre du Kenya. Après un audit administratif et financier, j'ai finalement recruté un directeur financier du Kenya. Depuis lors les finances sont tenues par les Africains. Aussi le département de communication chargé des bourses jusqu'alors tenu par un Américain a été tenu par un Africain qui a été formé par ce dernier à continuer la levée des fonds.

5. Dites en une phrase ce que vous avez reçu d'Isaac et que vous pourrez transmettre à la jeune génération.

Profondeur de connaissance dans l'humilité, sagesse dans les relations personnelles et les actions à mener. Isaac aimait me répéter au début de notre marche ensemble du temps des études de la Parole en 1971 jusque dans le ministère : « Abel, sois sage ! » Sagesse et connaissance sont le tandem du vécu chrétien à la croisée des chemins qu'il a chéri jusqu'à sa mort. Ce tandem qui nous place souvent à la croisée des chemins de la vie est mieux résumé dans son cri de cœur devant une situation de crise politique et sociale que nous avions vécu ensemble en Centrafrique. J'ai demandé au professeur Zokoué de donner une leçon d'ouverture de l'année académique à la FATEB. Je me suis approprié son cri de cœur comme un défi à relever et je continue à communiquer aux autres. Il disait :

> Si nous prenons du recul pour jeter un regard serein sur notre pays, sur la société centrafricaine dans toutes ses composantes, ne serons-nous pas forcés de reconnaître qu'il y a déficit de sagesse et de connaissance ? Car si tel n'était pas le cas, serions-nous aujourd'hui comme cet enfant de la récitation qui, s'étant trouvé à la croisée des chemins, ne savait pas s'il fallait aller à droite ou à gauche, ou bien rester là jusqu'au soir. Où sont passés nos théologiens dans notre pays pour illuminer les consciences, et faire renaître l'espoir là où les lendemains semblent incertains ? La Faculté de Théologie Évangélique de Bangui ne devrait-elle pas relever le défi de remettre la théologie dans son fauteuil de reine des sciences ? Elle a la lourde responsabilité d'être un centre de rayonnement, non seulement pour la République centrafricaine, mais pour toute l'Afrique.

Isaac aimait particulièrement la déclaration biblique et théologique selon laquelle, en « Christ, en qui sont cachés tous les trésors de la sagesse et de la connaissance » (Col 2.3).

Il m'est approprié de terminer ce témoignage par ceci : Daïdanso et Zokoué m'ont appris, chacun en ce qui le concerne, à aimer et à mettre en pratique ces profondes exhortations de l'apôtre Paul aux chrétiens de Thessalonique :

> Soyez toujours joyeux. Priez sans cesse. En toute circonstance, rendez grâces ; car telle est à votre égard la volonté de Dieu en Jésus-Christ. [...] Examinez toutes choses, retenez ce qui est bon ; abstenez-vous du mal sous toutes ses formes. Que le Dieu de paix vous sanctifie lui-même tout entiers ; que tout votre être, l'esprit,

l'âme et le corps, soit conservé sans reproche à l'avènement de notre Seigneur Jésus-Christ ! Celui qui vous a appelés est fidèle, et c'est lui qui le fera. (1 Th 5.16-24)

Adama Ouédraogo
Pasteur principal de l'Église locale dans
les Églises Évangéliques des Assemblées de Dieu,
Riviera II, Cocody, Abidjan

Tite Tiénou
Enseignant-chercheur et Doyen émérite,
Trinity Evangelical Divinity School,
Trinity International University, Deerfield, États-Unis

Abel Ndjerareou
Ancien doyen de la FATEB, Centrafrique
Directeur du cycle doctoral de la FATES, Tchad

De l'émission télévisée virtuelle à base réelle

Une émission télévisée virtuelle est consacrée en mémoire d'Isaac Zokoué. Et pourtant le récit est vivant, les faits sont réels. L'homme a marqué profondément et positivement sa génération par son œuvre. Qui était-il ? Qu'avait-il fait ? Pour le savoir, Pierre Ezoua reçoit pour vous trois invités sur GBUAF-eTV.

Bonsoir chers téléspectateurs de GBUAF-eTV ! Après le départ, auprès de son Père, et à l'occasion de la célébration du cinquantenaire des Groupes Bibliques Universitaires d'Afrique Francophone (GBUAF), les amis et proches du professeur Isaac Zokoué ont désiré vivement la tenue de cette interview pour faire un rappel des grands traits et qualités de ce leader africain chrétien qui a marqué de son empreinte ce mouvement panafricain et les générations présentes et futures du monde universitaire. À cette fin, je reçois pour votre édification, ce soir, trois invités qui ont bien connu et côtoyé le professeur de théologie :

- À ma gauche, Monsieur Monsolo,
- Au centre, Madame Anamaou,
- et à ma droite, Monsieur Béla.

Bonsoir Madame et bonsoir Messieurs !... Merci d'avoir accepté notre invitation malgré vos emplois du temps très chargés, nous le savons. Pour entrer dans le vif du sujet, et comme indiqué sur vos cartes d'invitation, lors de la célébration du cinquantenaire des GBUAF, nous avons voulu nous souvenir du tout premier secrétaire régional africain de notre grande famille, afin de rendre grâces à Dieu pour ce don merveilleux.

Monsieur Béla, quels sont les traits marquants du professeur Zokoué que vous retenez ?

Merci pour l'opportunité que vous me donnez, ce soir, de parler de celui que je considère comme l'un de mes grands frères à plusieurs titres. Pour répondre à votre question, je dirai que le professeur Isaac Zokoué a été premier à plus d'un titre en Afrique de langue française. Il fut un pionnier, un concepteur et un homme créatif. Il a été le premier secrétaire régional africain des GBUAF, le deuxième doyen africain de la Faculté de Théologie Évangélique de Bangui (FATEB), dont il avait coordonné les travaux de construction, l'un des initiateurs de la consultation des responsables d'églises et œuvres en Afrique francophone, la première tenue à

Abidjan, en 1980, avec comme thème : « Levons-nous et bâtissons » ; et la seconde, chez lui, à Bangui, en 1983, qui réfléchissait sur le thème : « L'Église locale en mission ». Le professeur Isaac Zokoué fut aussi l'initiateur du cycle doctoral à la FATEB et l'un des créateurs du Conseil des institutions théologiques en Afrique francophone (CITAF), en 2005 à Lomé.

Madame Anamaou, pour vous, si le professeur Zokoué était un personnage biblique, qui serait-il et pourquoi ?

Le professeur Zokoué, pour moi, s'identifie parfaitement au scribe Esdras dans l'Ancien Testament, et à un chrétien béréen du Nouveau Testament. Pourquoi ? Parce que le professeur Isaac Zokoué aimait les Écritures et la théologie. Mais surtout la théologie africaine centrée sur les Écritures.

[Monsieur Monsolo lève la main.] Oui, Monsieur Monsolo, vous avez quelque chose à ajouter ?

Oui, et merci de me passer la parole ! Je voudrais tout juste dire que je suis parfaitement d'accord avec ma sœur Ana. En effet, Isaac était notre Esdras noir ! Pour l'illustrer et confirmer les dires de ma jeune sœur, écoutons cette lecture que je m'en vais vous faire dans Néhémie 8.2-9 :

> Et le premier jour du septième mois, **Esdras**, le sacrificateur, apporta la loi devant la congrégation des hommes et des femmes, et devant tous ceux qui avaient de l'intelligence pour entendre. Et **il y lut** devant la place qui est devant la porte des eaux, depuis l'aube jusqu'à midi, en présence des hommes et des femmes, et de ceux qui avaient de l'intelligence. **Et tout le peuple prêtait l'oreille au livre de la loi.** Et **Esdras, le scribe**, se tenait sur une estrade de bois qu'on avait faite pour l'occasion ; et Matthithia, et Shéma, et Anaïa, et Urie, et Hilkija, et Maascéïa, se tenaient à côté de lui, à sa droite ; et à sa gauche, Pedaïa, et Mishaël, et Malkija, et Hashum, et Hashbaddana, Zacharie, et Meshullam. Et **Esdras** ouvrit le livre aux yeux de tout le peuple, car il était élevé au-dessus de tout le peuple ; et quand il l'ouvrit, tout le peuple se tint debout. Et Esdras bénit l'Eternel, le grand Dieu, et tout le peuple répondit, Amen, Amen ! en élevant les mains, et ils s'inclinèrent et se prosternèrent devant l'Éternel, le visage contre terre. Et Jéshua, et Bani, et Shérébia, Jamin, Akkub, Shabthaï, Hodija, Maascéïa, Kelita, Azaria, Jozabad, Hanan, Pelaïa, et les lévites, faisaient comprendre la loi au peuple ; et le peuple se tenait à sa place. **Et ils lisaient distinctement dans le livre de la loi de Dieu, et ils en donnaient le sens et le faisaient comprendre**

lorsqu'on lisait. Et Néhémie, qui était le Thirshatha, et Esdras, le sacrificateur, le scribe, et les lévites qui faisaient comprendre au peuple ce qu'on lisait, dirent à tout le peuple : Ce jour est saint à l'Éternel, votre Dieu ; ne menez pas deuil et ne pleurez pas ! Car tout le peuple pleurait en entendant les paroles de la loi. (Darby, gras ajouté.)

Lire et expliquer les Écritures pour en donner le sens aux autres, tels étaient les exercices spirituels qu'affectionnait Isaac Zokoué, notre Esdras africain…

[Madame Anamaou lève à son tour la main.] Oui, Madame, vous avez quelque chose à dire ?

Oui, je voudrais compléter cette lecture par une autre dans Actes 17.10-12 :

Dès qu'il fit nuit, les frères se hâtèrent de faire partir Paul et Silas en direction de Bérée. À peine arrivés, ils se rendirent à la synagogue des Juifs. Ils y trouvèrent des gens à l'esprit plus ouvert que les Juifs de Thessalonique et qui leur témoignèrent de meilleurs sentiments. Ils accueillirent le message de l'Évangile avec beaucoup d'empressement ; **chaque jour, ils étudiaient les Écritures pour vérifier si ce qu'on leur disait était conforme à ce qui était écrit.** Aussi, beaucoup d'entre eux devinrent croyants. Un bon nombre de Grecs parmi les gens influents (de la ville), tant hommes que femmes, acceptèrent également la foi. (Parole Vivante, gras ajouté.)

Lire et expliquer les Écritures étaient une véritable passion pour Zokoué, mais vérifier aussi à la lumière de la Parole les hérésies ambiantes, comme les Béréens, était aussi un exercice spirituel qu'affectionnait Isaac Zokoué, notre Esdras africain, dans son pays la Centrafrique comme ailleurs en Afrique, et dans le monde !

Monsieur Béla, je me tourne maintenant vers vous pour vous livrer à un exercice difficile. Je vous demanderais de bien vouloir nous faire le portrait du professeur Zokoué en trois mots. Pas plus. Est-ce possible ?

Oui, bien sûr. Et sans aucune hésitation, je répondrai en disant qu'Isaac était : **discret**, **méticuleux et profond** ! Ces trois attributs ont laissé une empreinte indélébile sur sa personne et son œuvre en Afrique et dans le monde évangélique… Pardon, avant de vous remettre la parole, permettez-moi d'étoffer la présentation d'Isaac en ajoutant qu'il a été aussi actif dans l'Association des Évangéliques d'Afrique (AEA) basée à Nairobi, et notamment dans sa commission théologique ; il a même écrit un livre très bien connu : *Jésus-Christ, le mystère des deux natures. Perspective africaine.*

Je me tourne une fois de plus vers vous, Madame Anamaou. Décrivez-nous, à votre tour, le professeur Zokoué ; mais cette fois-ci en deux mots.

En deux mots ! Donnez-moi une minute de réflexion… (Pause) ça y est…, pour moi, Isaac était **un enseignant émérite** pour la qualité de son enseignement, et **un homme d'unité** pour sa passion pour la communion fraternelle ! Sur ces deux roues-là, il a sillonné toute l'Afrique, de part en part, en apôtre de vérité et de paix.

Monsieur Monsolo, pour finir cet entretien, je vous demanderais de nous proposer un cantique d'action de grâces, dans le but de louer Dieu pour le don qu'a été Isaac pour l'Afrique chrétienne ; et que nous chanterons tous lors de ce cinquantenaire. Quel cantique proposez-vous ?

Sans hésitation, je propose « Grand Dieu, nous te bénissons » ; et croyez-moi qu'Isaac, mon grand frère dans le ministère, là-haut, auprès du Père, sera de mon avis ! S'il était là, il chanterait le ténor. Levons-nous et *chantons donc ensemble :*

> Grand Dieu, nous te bénissons,
> Nous célébrons tes louanges !
> Éternel, nous t'exaltons,
> De concert avec les anges,
> *Et prosternés devant toi,*
> *Nous t'adorons, ô grand Roi !*
> Les saints et les bienheureux,
> Les trônes et les puissances,
> Toutes les vertus des cieux,
> Disent tes magnificences,
> *Proclamant dans leurs concerts*
> *Le grand Dieu de l'univers.*
> Saint, saint, saint, est l'Éternel,
> Le Seigneur, Dieu des armées ;
> Son pouvoir est immortel ;
> Ses œuvres partout semées
> *Font éclater sa grandeur,*
> *Sa majesté, sa splendeur.*
> Sauve ton peuple, Seigneur,
> Et bénis ton héritage ;
> Que ta gloire et ta splendeur
> Soient à jamais son partage,
> *Conduis-le par ton amour*
> *Jusqu'au céleste séjour !*

Gloire soit au Saint-Esprit !
Gloire soit à Dieu le Père !
Gloire soit à Jésus-Christ,
Notre Sauveur, notre Frère !
Son immense charité
Dure à perpétuité.[1]

Quel beau cantique ! Merci à vous, Monsieur Monsolo, merci à Madame Anamaou et à Monsieur Béla pour ces quelques mots qui nous ont rappelés ce grand leader africain qui nous a quittés et son œuvre. Terminons par une prière faite par Madame Anamaou.

> Père Céleste, tout en te remerciant de nous avoir donné, pour un temps, Isaac quand tu l'as jugé bon, nous te prions dans ta grande miséricorde, de nous envoyer d'autres Isaac, plus nombreux, pour l'avancement et la consolidation de ton Royaume en Afrique noire de langue française. *Soli Deo Gloria* ! Amen !

Chers téléspectateurs de GBUAF-eTV, merci pour votre attention, mais surtout merci pour votre fidélité à notre programme commun de gagner l'Afrique intellectuelle pour Christ. C'était notre émission « Célébrons nos hérauts », et notre « bon et fidèle serviteur » du jour, en la personne du professeur Isaac Zokoué, notre Esdras francophone ! « Que le Seigneur Jésus-Christ vous accorde sa grâce, que Dieu vous témoigne son amour et que le Saint-Esprit vous accorde la communion avec lui et vous conduise. C'est ce que je demande pour vous tous » (2 Co 13.14). Au revoir et à la prochaine !

Pierre Ezoua

Ivoirien, docteur en littérature, spécialiste de littérature comparée

Pasteur à l'Église Réformée de Tunisie

Ancien secrétaire général des Groupes Bibliques Universitaires de Côte d'Ivoire (GBUCI)

Ancien secrétaire itinérant de l'IFES, région Afrique francophone (GBUAF)

---

1. Cantique « Grand Dieu, nous te bénissons », texte de Henri-Louis Empaytaz, 1817, domaine public.

Enseignant et éducateur

(Une interview)

1. Professeur Tompté-Tom, vous enseignez à la Faculté de Théologie Évangélique de Bangui (FATEB) et c'est là que vous avez vraiment côtoyé le professeur Isaac Zokoué alors doyen de cette institution. Comment (ou dans quel cadre) l'avez-vous connu ?

Tout a commencé en 1985 alors que j'étais étudiant en Droit à l'Université de Bangui (RCA). À cette même époque, mon père suivait une formation pastorale à la Faculté Biblique des Frères à Bata, Bozoum. Un jour, de passage à Bangui, mon père me demanda de l'accompagner chez son ami d'enfance qui habitait dans l'enceinte de la FATEB. Il s'agissait d'Isaac Zokoué. Leur amitié remonte à longtemps, mon grand-père et le père de Zokoué ont suivi ensemble leur formation pastorale à Fort-Crampel, aujourd'hui rebaptisé Kaga-Bandoro. Depuis ce temps, je suis resté sensible à tout ce qu'il faisait.

2. Dans quels domaines avez-vous collaboré ?

Je l'ai côtoyé dans le cadre des activités de l'Union des Jeunes Chrétiens à l'Université de Bangui, où il était de temps en temps invité par les responsables pour des exposés et des conférences. Et quelques fois lorsqu'il allait dans les Églises pour y prêcher. Mais la vraie rencontre eut lieu lorsque je me suis engagé à la FATEB pour les études. Il était très fier que j'eus pris cette décision et m'ayant reçu dans son bureau, non seulement il me prodigua de grands conseils sur la formation théologique, mais il me parla aussi de l'amitié entre mon père et lui. Et depuis lors c'était comme s'il avait gardé un œil sur moi.

3. Il était pasteur, animateur d'étude biblique, administrateur et éducateur. Qu'est-ce qu'il a été personnellement pour vous ?

Le professeur Isaac Zokoué, plus qu'un collègue ou un administrateur, a été un père pour moi. Il m'arrivait parfois d'être en désaccord avec les autres collègues ou partenaires de la FATEB sur certains points lors des réunions. Cependant, après la rencontre, il m'appelait et me prodiguait des conseils.

Il a aussi été un ami avec qui je pouvais aborder certaines questions théologiques ainsi que sur la situation politique en Centrafrique. Il me faisait souvent lire certains de ses articles. Certains après-midis où je restais encore pour travailler, et lorsqu'il revenait au bureau, il passait devant le mien et tendait la main pour mettre l'interrupteur de lumière en marche parce qu'il trouvait la pièce trop sombre. Nous aimions tous les deux les chansons d'une chorale ivoirienne dont je ne me rappelle plus le nom. Et quand je jouais cette cassette, il se tenait devant mon bureau pour l'écouter et relater les souvenirs que cela éveillait en lui. C'était l'époque où il sillonnait les contrées de la Côte d'Ivoire en tant que Secrétaire des GBU. Il aimait particulièrement une chanson qui passait sur la station ELWA. Le titre est le suivant : « Seigneur donne-moi la foi de Salomon. » Il avait lui-même demandé la copie de cette chanson.

4. Selon vous, quel a été sa contribution au bien-être des Centrafricains ?

Elle est très grande et multisectorielle. Isaac Zokoué était sollicité dans toutes les grandes assises organisées par le Gouvernement centrafricain ainsi que les partenaires internationaux pour l'orientation et le devenir de la République centrafricaine, quelque fois comme président de séance ou comme membre. Citons quelques exemples :

- Les États Généraux de l'Éducation Nationale en 1994 ;
- Le Protocole d'Accord Politique du 5 Juin 1996 (PAP) ;
- Le Programme Minimum Commun de novembre 1996 (PMC) ;
- Les États Généraux de la Jeunesse et de l'Enfance en 1997 ;
- Les États Généraux de la Défense Nationale en 1997 ;
- Les Premières Assises de l'Économie et des Finances (PANEF) en 1997 ;
- L'Accord Préalable à un Pacte de Réconciliation Nationale, signé le 18 janvier 1997.

Il faut souligner en particulier sa contribution au Programme Minimum Commun (PMC) qu'il a créé et initié pour les institutions théologiques en Afrique francophone. Le PMC est à l'origine du Conseil d'Institutions Théologiques d'Afrique Francophone (CITAF) créé à Lomé en 2005.

Par la suite, il fut :

- Président du Dialogue national en 2005 ;
- Président du Conseil des Sages jusqu'à sa mort.

5. Avez-vous une ou deux anecdotes sur lui que vous aimeriez partager avec la présente génération ? Quel message ces anecdotes apportent-elles ?

Il y a plusieurs anecdotes qu'on peut raconter sur Isaac Zokoué mais j'aimerais principalement parler de deux anecdotes qui m'ont pertinemment marqué. Pour celui qui ne connaît pas la personne d'Isaac Zokoué, il va toujours lui sembler être cet être distant et timide. Mais lorsqu'on est plus proche de lui, on verra au-delà des paires de lunettes qu'il porte, un personnage rempli de lyrisme et d'humour. La première anecdote est celle de mon intégration dans le staff de la

FATEB. J'avais fini ma maîtrise en 1993 et je bouillonnais de poursuivre mes études supérieures ailleurs. Lors d'une réunion académique, j'ai été choisi pour aider la FATEB à la bibliothèque, fonction que j'ai automatiquement rejetée. Je voulais plutôt être un enseignant et le conseil m'a donné une semaine de réflexion. Après la semaine de réflexion, ma réponse n'avait pas du tout changé et au moment où le conseil cherchait à trouver un autre candidat, le Dr Paul Mpindi m'a trouvé en me faisant savoir qu'être bibliothécaire n'empêcherait pas d'enseigner et que je devais rapidement aller voir le doyen Zokoué. Au moment où j'entrais dans son bureau, il travaillait et en me voyant, il s'était levé pour venir s'asseoir en face de moi et il a prié. Après la prière, tout en souriant, il me disait ces mots : « C'est vrai que tu es impatient et décidé de poursuivre tes études, mais je te conseille plutôt de rester sur place pour faire décanter ta connaissance et acquérir des expériences avant les études supérieures ». Puis, il me demanda soudainement : « Combien veux-tu que la FATEB te paye ? » Question embarrassante ! C'était d'un air très sérieux que la question a été posée. Je n'avais pas de réponse et je lui ai simplement dit : « Doyen, je vous fais confiance », et il pria de nouveau pour moi, sans même me demander ma décision finale. Il savait que j'acceptais l'offre. Ce qui me fait dire qu'il a ce don de discerner chez les gens les potentialités dont eux-mêmes ignorent.

La seconde anecdote est en rapport avec le Dialogue national où il a été choisi comme président pour le diligenter. Il avait comme premier vice-président, le ministre Josué Binoua et comme deuxième vice-présidente, madame Catherine Samba-Npanza. Je faisais partie des participants comme membre de la commission vérité et réconciliation. Le premier jour, il fallait lire et amender les textes qui devaient gérer le bon fonctionnement de ce dialogue. Il y avait une centaine d'articles. Malheureusement, le jour de l'ouverture, le professeur Zokoué devait urgemment aller au Gabon rencontrer le Président Oumar Bongo et pour cela, il avait demandé au premier vice-président Josué Binoua de diriger la séance plénière. Après les préalables, la réunion a commencé à 10 heures et jusqu'à 17 heures, seuls trois textes avaient été amendés. Quand le lendemain, Zokoué, étant de retour, avait pris les choses en main, tous les articles ont été lus et amendés avant quatorze heures. Quand tout cela fut achevé, la salle entière s'était mise debout pour applaudir le président de la séance : Isaac Zokoué. C'était très émouvant et lui, en toute humilité, applaudissait la salle également. Quel personnage ! Depuis ce jour, Isaac Zokoué est et restera pour moi, un homme avec une influence et une vision.

Enoch Tompté-Tom
Professeur à la Faculté de Théologie Évangélique de Bangui (FATEB),
et aussi dans d'autres institutions universitaires.

La christologie d'Isaac Zokoué

Le titre de ce chapitre renvoie au livre qu'Isaac Zokoué a publié en 2004 aux éditions CLÉ, avec comme titre *Jésus-Christ, le mystère des deux natures*. Il y explique la nécessité d'une nouvelle christologie moins conceptuelle, plus compréhensible en Afrique, mais fidèle au message biblique. Car les christologies en cours sont occidentales. Elles aidaient certes à saisir le contenu de la foi, mais elles présentent en Afrique des écueils qui empêchent à l'assimilation du message de l'Écriture sur Jésus-Christ, le fondement de la foi chrétienne. Zokoué prend deux modèles de christologie de l'Occident.

La christologie de Chalcédoine

Tout d'abord, Zokoué présente dans ce livre la christologie de Chalcédoine. Le concile réuni en Chalcédoine en 451 devait clore les controverses théologiques sur les deux natures de Jésus-Christ : Jésus-Christ est-il vrai Dieu ou vrai homme ? La confession de Chalcédoine pose au moins un problème de langage aux Africains. En effet, certains termes sont hors des catégories de pensée africaines et donc incompréhensibles en Afrique. Zokoué en donne quelques exemples : engendré, personne, hypostase, nature, consubstantiel. Quel est l'équivalent de chacun de ces termes théologiques forgés en Occident dans les langues africaines, ou au moins dans les catégories africaines ? Par exemple, l'expression « être engendré » signifie-t-elle « naître de... » ? Comment le concept de personne est-il saisi en Afrique ? Le terme lui-même est la traduction (ou plutôt une traduction) du mot hypostase !

Zokoué perçoit un deuxième problème non moins important. Chalcédoine n'a pu éviter le dualisme qui empêche à l'assimilation de la vérité sur Jésus-Christ[1]. C'est le dualisme nature divine-nature humaine. Chalcédoine utilise des qualificatifs pour caractériser la relation entre les deux natures : sans confusion, sans changement, sans division, sans séparation. En fait, dans l'original en grec, ce sont des adverbes avec un « a » privatif ! Comment alors les Africains de nos jours pourront-ils comprendre la profession de foi de Chalcédoine ? Certes, ce concile a beaucoup contribué à la stabilité « théologique » des Églises en Occident pendant

---

1. Zokoué, *Jésus-Christ, le mystère des deux natures*, p. 65.

des siècles mais le problème reste entier en Afrique. Le concile de Chalcédoine est d'une utilité limitée sur le continent noir.

La christologie de Karl Barth

Ensuite, Zokoué présente la christologie de Karl Barth, le plus grand théologien du XXe siècle. Certes, Barth adhère à la christologie de Chalcédoine mais donne un sens nouveau aux concepts qui y ont été adoptés. Il préfère par exemple les termes essence divine, essence humaine aux termes nature divine, nature humaine. Il forge des termes hautement abstraits comme anhypostase et enhypostase[2]. En outre, Barth était dans la démarche dialectique, une démarche en vogue en son temps ! C'est une démarche dont le but est de surmonter les paradoxes apparents. Quelques exemples peuvent illustrer cette démarche : pour Barth, l'abaissement du Fils de Dieu montre sa divinité, sa résurrection doit être comprise comme le couronnement de son obéissance, l'abaissement et l'élévation de Christ sont un même mouvement. Pour Zokoué, la christologie de Barth est conceptuelle, elle a très peu de rapport avec la foi, avec le vécu de la foi. Or, la théologie a comme but de faire comprendre la foi.

La proposition de Zokoué

Zokoué veut faire comprendre la grande vérité de l'incarnation. Par l'incarnation, Dieu se fait homme pour se faire connaître aux hommes. Il s'occupe de l'homme créé à son image[3], créé sans péché. Par l'incarnation, la théologie doit faire connaître Jésus-Christ et par lui le Dieu trinitaire. Il souligne l'originalité de l'incarnation, du mouvement de Dieu vers les hommes, mouvement qu'on ne trouve dans aucune religion au monde. Il faudra donc passer de la théologie conceptuelle qu'on a héritée de l'Occident à la théologie concrète et intelligible.

Zokoué engage alors les théologiens africains à une œuvre noble : transférer le message de la Bible dans les catégories de pensée africaines[4], pour qu'il y ait assimilation. Ce transfert exige l'exploration du texte biblique dans son environnement et son expression dans la culture d'aujourd'hui, sachant que dans la conceptualisation que nous rencontrons dans la théologie depuis le Ve siècle et des temps modernes, par exemple à Chalcédoine ou chez Barth, il n'y

---

2. *Ibid.*, p. 164.

3. *Ibid.*, p. 199.

4. *Ibid.*, p. 162.

a pas d'interpellation. Concernant l'identité de Jésus-Christ, Zokoué trouve une formulation simple : « Jésus-Christ est Sauveur parce qu'il est à la fois Dieu et homme[5]. »

Le manque d'intelligibilité dans la théologie a provoqué deux faits fort regrettables : l'Église copte et l'Église orthodoxe éthiopienne ont rejeté la confession de Chalcédoine. Elles étaient alors considérées comme monophysites selon les catégories occidentales – les monophysites ne croient qu'à une seule nature de Jésus-Christ, selon elles. Les concepts discutés et proposés étaient étrangers à leur culture, elles ne pouvaient donc y adhérer. Ces Églises disent qu'elles croient en Jésus-Christ, la Parole éternelle incarnée ! Sur le continent noir, sans doute par réaction à la théologie occidentale, certains théologiens africains de notre temps ont conçu des modèles propres à eux : le Messie noir, Jésus-Christ comme ancêtre primordial parce qu'ils trouvent étrangers les concepts adoptés et ensuite enseignés.

En fait, Zokoué n'a pas proposé une christologie africaine. Il avertit les théologiens africains et leur fait comprendre qu'il est tout à fait possible de créer une christologie profondément biblique sans passer par Chalcédoine, par l'Occident. Ce détour est peu utile.

Solomon Andriatsimialomananarivo

Références

Zokoué, Isaac, *Jésus-Christ, le mystère des deux natures*, Yaoundé, CLÉ, 2004.

---

5. *Ibid.*, p. 211.

Une plume s'est cassée, une voix s'est tue

Fallait-il que cette plume se casse
Au moment où les sectes passent
Et les faux docteurs terrassent
Des âmes faibles et lasses
Dans un contexte tenace
Où des dangers menacent
Tant le fond que la surface ?

Fallait-il qu'une telle voix se taise
Au moment où la RCA est dans la braise ;
Celui qui fit de la paix sa principale thèse
Et œuvra pour que son pays soit à l'aise
En dépit de la danse des punaises
Qui des Centrafricains aggravent le malaise
Alors qu'ils languissent après un dièse ?

Fallait-il que sa présence
Nous prive de sa luisance
Au moment où la nuisance
Avec la force de sa brisance
Vole à l'Église sa luisance
Et étale ses insuffisances
Sur le marché des complaisances ?

Il était pour nous un père ;
Garant d'une théologie prospère
Dans un monde plein de vipères,
De loups religieux et de leurs compères.
Ils détournent les saints du bon repère
Et dévorent les conseillères et les conseillers
Qui couronnent les collines de prières.

Il était pour nous un appui.
Il était pour nous un puits.
Une source d'eau sous le soleil qui cuit,
Une source de courage dans la nuit,
Une tranche du futur dans l'aujourd'hui,
Un abri amical sous la pluie
Un modèle, une fierté, un parapluie.

Oh ce départ du professeur Zokoué,
Nous prive d'un théologien surdoué !
Le monde évangélique est secoué.
Avec quelle main allons-nous jouer
Quand le rythme nous a déjoués ?
C'est avec un concert de voix enrouées
Que nous pleurons de l'Algérie au Zimbabwe.

Éternel, Toi qui nous as donnés notre aîné
Et l'a repris dans la céleste traînée,
Donne à nos âmes gangrenées
La force d'être entraînées
Dans une louange que ne peuvent freiner
Ni la douleur, ni le cœur peiné ;
Car notre espérance est toujours oxygénée.

Moussa Bongoyok
Ancien chef du Département de Missiologie,
Faculté de Théologie Evangélique de Bangui (FATEB)

Conclusion

Mais je sais que mon rédempteur est vivant, et qu'il se lèvera le dernier sur la terre, après que ma peau aura été détruite ; moi-même en personne, je contemplerai Dieu. C'est lui que moi je contemplerai, que mes yeux verront, et non quelqu'un d'autre ; mon cœur languit au-dedans de moi. (Jb 19.25-27)

Rappel

Il convient de rappeler que les auteurs[1] du tout premier livre de la série « L'homme et l'œuvre » ont consacré une biographie en mémoire de René Daïdanso. Du même coup, ils ont écrit à sa place, lui qui n'avait pas écrit comme ils l'auraient souhaité. En ce sens, ils ont le sentiment du devoir délicat et gratifiant accompli vis-à-vis de lui. Délicat, s'ils lui ont fait dire ce qu'il n'a jamais dit, par exemple en mettant l'accent sur certaines de ses qualités, en exagérant dans la description de ses œuvres. Gratifiant, car ils ont éprouvé une grande joie d'écrire, à sa place.

Le deuxième livre de la série a été consacré au professeur Zokoué que l'on considère comme le jeune frère de Daïdanso. À la différence du grand frère, le jeune frère a écrit de nombreux livres et articles. Cependant on reconnaît qu'ils se sont talonnés à bien des égards dans différents domaines de la vie. C'est pourquoi, c'est au petit frère que l'on consacre, également à titre posthume, ce deuxième livre : *Zokoué, l'homme et l'œuvre*.

Oraison funèbre[2]

L'on se souvient qu'en la personne de Zokoué, un baobab est tombé… Une véritable bibliothèque noire a brûlé… Aujourd'hui, nous pleurons tous, comme

---

1. A. NDJERAREOU, sous dir., *Daïdanso, l'homme et l'œuvre*, Abidjan/Cotonou/Yaoundé/Chanois/Carlisle, Livreshippo, 2015. Cet ouvrage collectif consacré à Daïdanso a été publié à titre posthume.
2. Oraison funèbre dite à Bangui, le 24 septembre 2014, par Barka Kamnadj en lieu et place du Secrétaire Régional des GBUAF, le pasteur Augustin C. Ahoga. Un extrait de cette oraison a été publié dans *FATEB-OPINIONS*, Cahiers d'informations et de réflexions théologiques de la Faculté de Théologie Évangélique de Bangui, Numéro spécial/2015, p. 61-64.

Jésus aux obsèques de son ami Lazare. Parce que le grand frère nous a quittés… Parce que le Secrétaire s'en est allé… Parce que le professeur, le doyen, le chercheur, le théologien, n'est plus… Parce que l'homme de Dieu nous a devancés, là où Jésus nous prépare une place.

Mais aujourd'hui et éternellement, celui dont la vie est cachée avec Christ en Dieu peut valablement dire avec l'apôtre Paul : « Car je suis persuadé que ni la mort, ni la vie, ni les anges, ni les dominations, ni le présent, ni l'avenir, ni les puissances, ni les êtres d'en-haut, ni ceux d'en-bas, ni aucune autre créature ne pourra nous séparer de l'amour de Dieu en Christ-Jésus, notre Seigneur » (Rm 8.38-39).

Et à travers l'Évangile de Jean, Jésus dit, entre autres :

> Moi, je suis la résurrection et la vie. Celui qui croit en moi vivra, quand même il serait mort ; et quiconque vit et croit en moi ne mourra jamais. (Jn 11.25-26)

> En vérité, en vérité, je vous le dis, celui qui écoute ma parole et qui croit à celui qui m'a envoyé, a la vie éternelle et ne vient pas en jugement, mais il est passé de la mort à la vie. En vérité, en vérité, je vous le dis, l'heure vient – et c'est maintenant – où les morts entendront la voix du Fils de Dieu ; et ceux qui l'auront entendue vivront. (Jn 5.24-25)

> Père, […] glorifie ton Fils, afin que le Fils te glorifie, […] afin qu'il donne la vie éternelle à tous ceux que tu lui as donnés. Or la vie éternelle c'est qu'ils te connaissent toi, le seul vrai Dieu, et celui que tu as envoyé, Jésus-Christ. (Jn 17.1-3)

Et Pierre de s'écrier : « Seigneur, à qui irions-nous ? Tu as les paroles de la vie éternelle. Et nous avons cru, et nous avons connu que c'est toi le Christ, le Saint de Dieu » (Jn 6.68-69). Dieu a donné, Dieu a repris, que le Nom de Dieu soit glorifié !

Dieu a donné

En effet, Dieu nous a donnés, un jour, le grand frère Isaac, né en 1944, sur la terre des hommes – d'aucuns disent qu'il était né en septembre 1944, c'est-à-dire, à la même année que son grand frère René Ma Djongwé Daïdanso. Isaac Zokoué a fait une partie de ses études à N'Djamena au Tchad, où il a rencontré René Ma Djongwé Daïdanso, qui, à l'époque, était déjà un dirigeant remarquable de l'Union des Jeunes Chrétiens (UJC) du Tchad. Après ses études secondaires, Isaac partit à Vaux-sur-Seine, disons, à la suite de René pour y effectuer aussi des études théologiques.

Au début des années 1970, dans le comité exécutif des Groupes Bibliques Universitaires d'Afrique Francophone (GBUAF), le pasteur Fritz Fontus, théologien haïtien, alors directeur de la Société Biblique en Côte d'Ivoire, repéra un certain Isaac Zokoué, alors étudiant à Vaux-Sur-Seine, en France. Et il le proposa comme Secrétaire des Groupes Bibliques. En juillet 1972, sur une invitation d'Alastair Kennedy, premier Secrétaire régional des GBUAF, Isaac assista au triennal des GBUAF à Yaoundé. C'est là qu'il fut choisi et nommé Secrétaire itinérant des GBUAF pour l'Afrique centrale, avec comme résidence : Bangui. Deux ans plus tard, c'est-à-dire en décembre 1974, Isaac fut invité comme orateur au premier congrès national de l'Union des Groupes Bibliques de Madagascar (UGBM). C'est à ce congrès que Solomon Andria fut nommé Secrétaire général à plein temps du mouvement malgache. Au triennal des GBUAF tenu à Yaoundé, en 1975, Isaac Zokoué fut nommé Secrétaire régional, succédant à Alastair Kennedy. Isaac devint ainsi le deuxième Secrétaire régional des GBUAF, avec comme résidence : Abidjan. Il resta à ce poste jusqu'en juillet 1980, année à laquelle il repartit en France avec sa famille, pour poursuivre des études doctorales en théologie. Il passa le témoin à Solomon Andria qui devint le troisième Secrétaire régional des GBUAF. Cependant, contre toute attente, en 1983, Isaac revint, à la maison, aux GBUAF, pour animer cette fois-ci le département de la formation. Il occupa ce poste jusqu'en 1987, date à laquelle il fut invité à devenir le doyen de la Faculté de Théologie Évangélique de Bangui (FATEB).

Le pasteur Solomon Andria qui a succédé à Isaac à la tête des GBUAF témoigne que le doyen Zokoué, au-delà des frontières des GBUAF, a joué d'autres rôles importants dans le monde évangélique en Afrique noire : il fut l'un des organisateurs de PACLA'76 aux côtés de Godfried Osei Mensah, Festo Kivengere et bien d'autres leaders africains du monde de la théologie. Il fut aussi le coordonnateur des consultations des dirigeants d'Afrique Francophone, et le fondateur du Centre d'Études et de Recherches en Théologie en Afrique (CERTA). Mais ce n'est pas tout. Son service aux GBUAF l'a prédisposé à toujours penser le développement évangélique au niveau régional. Ainsi fut-il l'un des initiateurs du Conseil pour les Institutions Théologiques en Afrique Francophone (CITAF).

Ann Maouyo, jeune missionnaire américaine, qui a travaillé au GBU dans les années 70, et qui a été par la suite la première Secrétaire itinérante chargée de l'étude biblique aux GBUAF, dit de lui, que personne, à sa connaissance, n'a jamais eu une passion pour une théologie profondément évangélique et une foi évangélique authentiquement africaine plus que ce Monsieur. C'était sa passion, c'était sa mission ! Et il a investi stratégiquement dans des personnes qui ont été en mesure de réaliser cela à une échelle plus vaste. Ce qui est certain, fait-elle remarquer, c'est que les GBUAF n'auraient jamais pu être ce qu'ils sont aujourd'hui sans l'œuvre patiente, stratégique, et souvent douloureuse du pasteur Isaac Zokoué dans ces années pionnières.

Dieu a repris

En cette journée du 12 septembre 2014, le baobab s'est couché… Isaac s'en est allé auprès de son Père… Et nous pleurons avec madame et enfants Zokoué. Et nous pleurons avec toute la grande famille Zokoué en République centrafricaine. Et nous pleurons avec les chrétiens de toute l'Afrique continentale. Parce qu'une grande bibliothèque noire vient de partir en fumée… Mais que le Nom de Dieu soit glorifié ! Car « toutes choses coopèrent au bien de ceux qui aiment Dieu » (Rm 8.28) ! C'est pourquoi, j'ai vivement souhaité terminer cette oraison par une prière de reconnaissance.

Prière

Dieu tout-puissant,
En cette heure de deuil, de séparation douloureuse, nous venons à toi. Nous venons d'abord te dire merci pour la vie qui vient de se terminer. Merci pour les bienfaits que tu as accordés à notre frère Isaac. Merci aussi pour les bienfaits qu'à travers lui tu as bien voulu accorder à sa famille, mais aussi à nous ses amis et frères dans la foi.

Père,
Notre plus cher souhait est que nous puissions nous retrouver un jour dans ta gloire avec tous ceux que nous avons aimés ici-bas. Nous te prions pour ceux qui sont meurtris et découragés par ce départ. Qu'ils puissent trouver leur consolation en toi. Que ta paix qui surpasse toute compréhension nous garde dans la foi et l'espérance en Jésus-Christ, ton Fils ressuscité, notre Sauveur et Seigneur.

Amen.

Barka Kamnadj
Directeur de l'ouvrage

Références

Ndjerareou, A., sous dir., *Daïdanso, l'homme et l'œuvre*, Abidjan/Cotonou/Yaoundé/Chanois/Carlisle, Livreshippo, 2015.

Table des matières

www.ingramcontent.com/pod-product-compliance
Lightning Source LLC
Chambersburg PA
CBHW071230130726

47998CB00002B/894